AF484954

Héctor Herrera Cajas

Antigüedad y Edad Media

Manual de historia universal

Edición revisada, actualizada y aumentada
a cargo de Amelia Herrera Lavanchy

EDITORIAL
UNIVERSIDAD
DE LA SERENA

Antigüedad y Edad Media
Manual de historia universal
Héctor Herrera Cajas

Segunda edición: mayo 2020. Revisada, actualizada
y aumentada a cargo de Amelia Herrera Lavanchy

Primera edición: 1983
Academia Superior de Ciencias Pedagógicas de Santiago
RPI: 58.997

SERIE MONOGRAFÍAS Y TEXTOS ACADÉMICOS
DIRECCIÓN DE INVESTIGACIÓN Y DESARROLLO ULS

ISBN 978-956-6071-03-7

Editorial Universidad de La Serena
Los Carrera 207, La Serena
Fono 51-2204368
editorial@userena.cl
www.editorial.userena.cl

Diseño de interiores y portada:
Alejandro Abufom Heresi
Editorial Universidad de La Serena

Imágenes de portada:
Nefertiti (Museo Estatal de Berlín); Moneda de Alejandro Magno (Museo Estatal de Berlín); Mosaico de Justiniano (Basílica de San Vitale, Ravena); Carlomagno (pintura de A. Durero), Nuremberg.

Índice

Presentación

Actualmente el estudio de la Historia se encuentra en una encrucijada, y aún más en peligro su enseñanza en el currículo escolar de nuestro país. En este contexto publicar un libro dirigido al aprendizaje de la historia universal se transforma en un pequeño aporte en esta batalla que diariamente se debe dar en defensa de las Humanidades.

Los capítulos de este manual fueron forjados como síntesis de una visión de conjunto de los procesos históricos de pueblos y culturas que han ido conformando el mundo occidental del cual somos herederos. Pensado en un primer momento como texto para la enseñanza escolar, ha constituido lectura básica o complementaria de cursos de pregrado en distintas universidades chilenas. Es justamente con este fin que se presenta esta nueva edición como material de apoyo para los cursos del área de historia universal antigua y medieval de la carrera de Pedagogía en Historia y Geografía de la Universidad de La Serena.

Si bien actualmente se cuenta con gran cantidad de información, al no estar siempre bien contextualizada, esta sobreabundancia tiende más a confundir que a aclarar la maraña de procesos que se entrecruzan en el tiempo. Es por tanto un texto sintético, panorámico, y se ha querido dejarlo así, sin incluir referencias a pie de página. Sí se ha considerado conveniente agregar una bibliografía para cada lección, animando a profundizar en cada tema. El criterio ha sido incluir solo libros publicados o traducidos a la lengua castellana, algunos ya clásicos que conocía el autor, otros escritos en las últimas décadas. Salvo excepciones no se incluye en la bibliografía fuentes documentales, considerando que aquellas que se encuentran en cursiva dentro del texto pueden actualmente conseguirse editadas, traducidas en compilaciones de fuentes o en páginas web.

Lo mismo respecto a la gran cantidad de imágenes disponibles o vídeos que permiten transportarse hacia lugares remotos o reconstruidos virtualmente. Todo esto es de gran ayuda en el entusiasmar por culturas antiguas y lejanas, pero la enseñanza de la Historia no es solo datos pintorescos sino reflexión, y esta última no siempre se ve en los manuales atiborrados de datos que cumplen otra función. En estas páginas cual pintura impresionista se recogen los principales rasgos, ciertas notas características que van mostrando el devenir de la Humanidad, dando un marco referencial necesario para una mayor comprensión y análisis del pasado y del presente. Pues la historia siempre se hace desde el presente.

Se ha querido conservar la redacción original de las lecciones, que tiende a presentar oraciones largas propias del autor, dado que hacer mayores cambios a la escritura, habría sido modificar el estilo del texto. Por eso los cambios que se han hecho del texto original son pequeños, así algunas actualizaciones y la uniformidad en la castellanización de los nombres de pueblos, lugares y personajes.

Retrospectivamente, además de encontrar al autor como profesor, y como lector, se pueden ver reflejadas en estas páginas la impronta de sus maestros en el Instituto Pedagógico: el entusiasmo por la enseñanza de don Juan Gómez Millas, la profundidad de los análisis de don Mario Góngora, y la inclusión de nuevos temas de don Fotios Malleros.

Agradezco a la Universidad de La Serena que, a través del Concurso de Monografías de la Vicerrectoría de Investigación y Postgrado, ha permitido la reedición y publicación de este manual, y también al director de Editorial ULS, Alejandro Abufom, por el apoyo y paciencia en llevar a cabo esta tarea.

Corresponde agradecer algunas sugerencias hechas en la primera revisión, al Dr. Nicolás Cruz de la Pontificia Universidad Católica de Chile y especialmente al Dr. José Marín Riveros de la Pontificia Universidad Católica de Valparaíso, quien desde ya hace algunos años atrás se entusiasmó en la tarea de reeditar este manual.

Quisiera también hacer un recuerdo del equipo primigenio que cooperó en la revisión del texto de estas lecciones, las profesoras María Angélica Bahamondes (†) y Urania Hidalgo, e Ivonne Lavanchy, quien, además, en su condición de viuda del autor ha autorizado y animado a que este texto se volviera a editar.

Dra. Amelia Herrera Lavanchy
La Serena, mayo 2020

PRIMERA PARTE

Las Raíces de Nuestra Historia

Lección I

De la paleohistoria a la historia

Hacia mediados del siglo XIX, el conocimiento que se tenía del pasado más remoto de la Humanidad se reducía a los datos que proporcionaba la Sagrada Escritura, en el libro del Génesis; sus fechas se incorporaban en una cronología absoluta que, a lo más, llegaba hasta los 7.400 años. En ese lapso, la Humanidad habría recorrido un camino que conducía desde la Creación del primer hombre –Adán– hasta la época contemporánea. Este esquema sencillo –que no pretende dar información científica acerca de la historia humana, sino entregar el plan de Dios para la salvación de la humanidad– ha sido profundamente ampliado por el aporte de la ciencia. En primer lugar, por descubrimientos arqueológicos de instrumentos muy rudimentarios, que comprobaron la existencia del hombre a través de sus manifestaciones culturales; y de restos óseos de homínidos que correspondían a fechas muy anteriores. En segundo lugar, por la formulación de teorías sobre la evolución de las especies, entre ellas, del hombre, con lo cual también se asignaba hipotéticamente una muchísima mayor antigüedad a nuestros más lejanos antepasados. A lo largo de los años, los hallazgos arqueológicos han ido aumentando y perfeccionándose los métodos para su adecuada interpretación, ideándose técnicas de datación que permiten establecer la fecha aproximada de objetos encontrados que contengan materia orgánica; esta datación radiométrica se logra a partir de isótopos radioactivos, como lo son el radiocarbono (C-14) para datar objetos de hasta setenta mil años atrás o el potasio-argón (K-40/Ar-40) para objetos pertenecientes a períodos anteriores.

La historia del hombre y de su cultura ha adquirido así un pasado insospechado para nuestros antecesores de siglos atrás.

Por otra parte, el estudio que se hizo de los pueblos primitivos contemporáneos –cada vez más cuidadoso y preocupado de llegar al conocimiento de su compleja realidad cultural, superando los prejuicios del civilizado– ofreció la posibilidad de observar sociedades aún viviendo etapas similares a las que se pensaba serían las iniciales de lo que había sido el largo proceso de la historia de la Humanidad. Algunos de estos grupos habían quedado en la Edad de la Piedra desde hace milenios, al margen de las transformaciones cada vez más aceleradas que hubo experimentado la historia en otras zonas del planeta. Ejemplos de primitivos contemporáneos son los pigmeos en el África ecuatorial, los aborígenes australianos y algunos pueblos americanos como los grupos de fueguinos, ya en vías de extinción.

En esos tiempos remotos, correspondió a esos primeros creadores de cultura iniciar la historia, conquistando logros tecnológicos, verdaderos puntos de partida de los largos procesos que conducen hasta nuestros días y hasta nuestro complejo mundo contemporáneo. En esos hombres primitivos estaba en potencia todo el posterior desarrollo de la Humanidad, pero su actualización fue lenta y difícil, sobre todo en los inicios porque no se tenían sino escasas experiencias sobre las cuales avanzar. Distinta, muy distinta, será la situación del hombre posteriormente, ya que siempre partirá contando a su haber con una experiencia acumulada, conservada y transmitida, que le corresponderá acrecentar, tal como a nosotros en el día de hoy.

Fue, sin duda, observando la naturaleza que el hombre consiguió sus primeros logros e inició así la transformación de la misma naturaleza; es decir, instauró su propio mundo cultural, incipiente y precario al comienzo, pero –con todo– *su mundo* frente al mundo de la naturaleza.

Piedras convertidas en armas, cuevas utilizadas como refugio, pieles usadas como vestuarios, huesos transformados en instrumentos, fuego hecho hogar: he aquí los primeros logros de la Humanidad en su etapa paleohistórica. Una posible explicación de la extraordinaria lentitud con que se pasaba de un nivel cultural a otro en los primeros tiempos de la Humanidad –a tal punto que da la impresión de estar frente a culturas que marcan el paso, detenidas en el tiempo– la podemos encontrar en el deseo del hombre de evitar los riesgos que acarrea una nueva transformación cultural, al alterar las relaciones que ha sido capaz de establecer con su medio ambiente; un verdadero equilibrio, y, como todos los equilibrios, inestable si no se cuida celosamente. En el fondo, el hombre de entonces y los que hasta hoy se mantienen en esa etapa, sabían lo que a nosotros nos ha costado tanto aprender: que con la naturaleza no se puede jugar y que hay que respetarla; gran parte de nuestro progreso contemporáneo descansa temerariamente sobre un equilibrio cada vez más inestable con la naturaleza, a la que maltratamos permanentemente al no respetarla, y, con ello, ponemos en peligro la existencia misma del ser humano sobre el planeta. El importante movimiento ecológico contemporáneo que propugna establecer relaciones más sanas con la naturaleza, surge después de siglos en que aceleradamente el hombre ha alterado ciclos naturales, en aras del progreso. Así, hoy tratamos de evitar las talas indiscriminadas de bosques y la erosión que se sigue; la contaminación de las aguas y de la atmósfera que llega a hacerse irrespirable en las grandes ciudades como producto del desarrollo industrial; el uso incontrolado de insecticidas, que hace surgir nuevas plagas, antes controladas por insectos ahora desaparecidos.

Esos equilibrios, laboriosamente alcanzados en los albores de la historia, contentaban al hombre hasta que algún factor imprevisto intervenía y alteraban su medio ambiente. Un cambio en el clima —y se dieron varios y muy acentuados, como que inmensos territorios que hoy gozan de clima templado estuvieron cubiertos de hielos, durante las llamadas glaciaciones, así como zonas tórridas y hoy desérticas fueron fértiles y habitadas– exigía al hombre ingeniarse para enfrentar esa nueva dimensión de la naturaleza; y su respuesta, en el caso de ser positiva, creaba una nueva expresión cultural.

La observación de la naturaleza ofreció también al hombre la compresión de los muchos ritmos que en ella se dan: el día y la noche; las estaciones del año; las constelaciones que aparecen y desaparecen; las aves y animales que emigran y regresan; la vegetación que muere y renace. Todos estos ritmos forman ciclos que retornan incesantemente y que ofrecen la mayor garantía de subsistencia a quien sepa ajustarse a ellos. Integrarse, pues, al ritmo de la naturaleza, al ciclo del tiempo del eterno retorno, contribuye a que el hombre conserve sus expresiones culturales y se esfuerce por no cambiarlas, como parece no cambiar la naturaleza; en esta tarea de conservación de los logros culturales, la instrucción de los niños, sometidos al prestigio de los antepasados que eran quienes habían sabido establecer el equilibrio con el medio, jugaban un importante papel; por eso, la formación se regía por preceptos que se estaba obligado a cumplir rigurosamente, de manera que la mayor parte de las actividades de la vida –sencillas, pero decisivas actividades, que hacían y hacen posible la existencia del hombre– revestían un carácter ritual; es decir, no se dejaba a la iniciativa de cada cual, sino que –de generación en generación– se realizaban de la misma manera. En las sociedades primitivas, la tradición lo representa todo, y termina por limitar al hombre, al impedirle intentar nuevas formas de expresión cultural por temor a perder la situación tan esforzadamente conseguida.

Milenios transcurrieron antes que se superaran esos niveles primarios, de los que alcanzamos a formarnos una somera imagen por los utensilios en piedra, toscamente trabajados al principio –tanto, que cuesta diferenciarlos de un simple guijarro– y bellamente pulimentados al final; a estas etapas se acostumbra denominar paleolítico y neolítico, respectivamente.

Lentamente fueron incorporándose nuevos logros al patrimonio de la Humanidad. La domesticación de algunos animales: el cerdo, el perro, los vacunos y ovinos; el trabajo del barro hasta llegar a la cerámica de torno; el cultivo rudimentario de algunos bulbos y de cereales, que permitió mantener pequeñas reservas de alimentos; el adelanto en las técnicas de construcción que hizo más segura la existencia en lugares menos favorecidos por el clima; y, mucho después, el conocimiento y uso de los metales, comenzando por el cobre, con lo que se inicia una nueva etapa en la historia de la Humanidad.

Desde muy temprano, en algunos de los rústicos instrumentos, o en paredes y techos de las cavernas que frecuentaba, el hombre deja testimonio de su mundo interior, de sus temores y esperanzas, en grabados y pinturas; algunos son de extraordinaria calidad artística por la aguda capacidad de observación, por la destreza del trazado, por la vivacidad cromática y por la fuerza interior que manifiestan; en suma, en el hombre primitivo tenemos que reconocer no sólo a nuestros lejanos antepasados y a ingeniosos inventores sino también a hombres de espíritu superior que mantuvieron –a lo largo de milenios y enfrentando peripecias sin cuento– la fe en el hombre y en su destino trascendente; su arte es elocuente testimonio de ese mundo interior, de sus preocupaciones y aspiraciones, de su vivencia de lo sagrado.

El conocimiento de los primitivos contemporáneos nos revela además la clara conciencia que estos hombres tienen en un ser supremo, creador y todopoderoso.

Toda la historia de la Humanidad procede de esos lejanos orígenes y, por lo tanto, el mundo primitivo está en el punto de partida de todos los dinamismos ulteriores que llegan hasta nuestros días, a través de la herencia de las civilizaciones; pero esas mismas civilizaciones crecieron en contacto con el mundo primitivo que las rodeaba, integrándolo a su solar mediante conquistas o sufriendo su acometida. Además, hay que tener presente que el paso del mundo primitivo al mundo histórico no borra ni anula todo el pasado –milenario pasado– que se conserva en ambientes aislados, o pervive como profundos sentimientos en el alma de la Humanidad; es allí donde hay que buscar para comprender el arraigo y significado de símbolos, mitos y arquetipos.

Hoy podemos establecer una verdadera secuencia desde

las expresiones más primitivas del hombre hasta los momentos en que se consigue una expresión documental literaria, y, con ello, entrar en los tiempos de la Historia propiamente tal.

Imagen 1: Animales, pintura paleolítica, Cueva de Chauvet, Francia.

Referencias

Christian, D. *Mapas del Tiempo. Introducción a la Gran Historia*, Crítica, Barcelona, 2005.

Eiroa, J. J. *Nociones de Prehistoria General*, Ariel, Barcelona, 2017.

Fullola i Perivot, J. y Nadal Lorenzo, J. *Introducción a la Prehistoria*, Editorial UOC, Barcelona, 2005.

Manzanilla, L. y Barba, L. *La arquelogía. Una visión científica del pasado del hombre*, Fondo de Cultura Económica, México D.F., 1994.

Lección II

Las primeras grandes civilizaciones

Superar el nivel de las sociedades primitivas –respondiendo a un incentivo que anime a encontrar el camino hacia una civilización– es un proceso que se ha dado pocas veces sobre la tierra. Innúmeros han sido, en cambio, los pueblos que, a lo largo del tiempo, han permanecido en niveles que hacen de ellos representantes auténticos de la Edad de la Piedra o de los Metales, en momentos en que ya, en algunos puntos del globo, se había entrado de lleno en la Historia.

Identificar civilización e historia propiamente tal parece lícito, ya que en la civilización nos encontramos con testimonios mucho más abundantes y precisos –generalmente literarios– que nos permiten un conocimiento más completo de ellas y, sobre todo, penetrar en su espíritu; en las civilizaciones reconocemos personalidades actuando en la historia, de quienes, a menudo, sabemos su nombre, podemos establecer los años en que vivieron y estudiar las obras que realizaron. Estos hombres le dan a la historia, que hasta ahora había sido una acción anónima, una dimensión personal. De entonces en adelante, la historia dará cuenta de los distintos tipos de relaciones entre algunos hombres, o de un solo hombre, con sus contemporáneos.

Los pasos iniciales que conducen a la civilización exigen a los respectivos primitivos toda su capacidad para enfrentar exitosamente situaciones a las que no estaban acostumbrados; implica que están dispuestos a correr riesgos insospechados al introducir cambios en sus costumbres tradicionales. Se trata de momentos emocionantes en la historia de la Humanidad porque de esos hombres, de las generaciones, dependería que se continuase en niveles primitivos de cultura o que, por el contrario, con ellos se iniciase la ininterrumpida peregrinación de la Humanidad que llega hasta nuestros días.

La incitación al cambio la motivó, en muchos casos, una profunda alteración en el clima imperante; en otros, la presencia de pueblos con culturas diferentes; y, a veces, la inquietud espiritual que sentían algunos hombres y que les hacía imponerse mayores exigencias. No hay, pues, una causa única y general que explique la génesis de las civilizaciones, ni tampoco una garantía que asegure que dándose causas similares surgirá una civilización. La historia procede de una manera muy distinta a como se mueve la naturaleza; en la historia predomina lo imprevisto, porque ella es el reino de la libertad propia del hombre.

La respuesta positiva frente a alguna de estas incitaciones abre, pues, el camino hacia la civilización. En la Mesopotamia, formada por el Tigris y el Éufrates; en los terrenos que las inundaciones del Nilo ganan al desierto; en el valle del Indo con su espacioso delta; y en las llanuras fluviales de China –paisajes todos en que los ríos enriquecen el suelo con fértiles limos, y que, por ende, pueden transformarse en vergeles, siempre que el trabajo tesonero y organizado del hombre sepa conquistarlos a una naturaleza exuberante– surgen las primeras civilizaciones. En este enfrentamiento con la naturaleza, los hombres están ahora más preparados que el hombre del paleolítico; ya son muchos los adelantos con que cuentan y los pueblos pueden movilizarse para tareas de mayor envergadura.

Con todo, parece increíble –proyectado sobre la inmensidad del pasado– cuán corto tiempo se requiere para logar avances sorprendentes en variados campos del quehacer cultural, aunque corresponda a varias generaciones. El resultado es tan impresionante, tan magnífico, si comparamos –por ejemplo– los imponentes monumentos que caracterizan a estas civilizaciones con las rudimentarias construcciones de los pueblos vecinos que han quedado al margen del nuevo dinamismo, que éste constituye elocuente testimonio de la organización admirable que han alcanzado. El dominio de sistemas de canalización y riego dio a estas civilizaciones una poderosa base agrícola; un temprano desarrollo urbano, adecuado al crecimiento de la población –dadas las mejores condiciones de vida– y a su aglomeración para hacer frente a las diversas actividades que se cumplen simultáneamente, es también una de sus notas características. Todas estas civilizaciones muestran, pues, un dominio sobre la naturaleza y también sobre el hombre; una y otro, a la larga, son sujetos a artificiosos mecanismos de control para mantener funcionando el nuevo nivel alcanzado. La conmoción que significa la presencia de otros pueblos –ya visualizados como bárbaros, por ser de culturas consideradas inferiores– se trata de evitar recurriendo, bien a su conquista y sometimiento, bien levantando barreras que los contengan; ambos sistemas pueden emplearse simultáneamente. En todo caso, aquí tenemos los componentes del concepto de imperio: un sentimiento de superioridad, en gran parte, afianzado por sentirse parte de un mundo ordenado y en paz, al que corresponde defender, y, para ello, a menudo, lo mejor es tomar la ofensiva. El Imperio ya constituido –como mundo cerrado– tiende a expandirse, a hacerse coexistente con el mundo habitado por los vecinos; desde su perspectiva, es siempre universal.

De todos los logros conseguidos por estas civilizaciones, tal vez el más significativo para ellas mismas, consistía en el *orden* que habían sido capaz de imponer en un extenso territorio y sobre millares de personas. Este orden, beneficioso para todos, aunque en grado distinto, era el que permitía y garantizaba la vida aquí y también después de la muerte; su importancia era tan grande, que resultaba natural pensarlo como reflejo del orden celestial sobre la tierra; de allí, el cuidado puesto en su conservación. El orden implicaba el mantenimiento de la jerarquía social, de las técnicas que habían hecho posible las grandes empresas realizadas, de los rituales que permitían el contacto con los dioses, de las artes que magnificaban ese orden de dioses y reyes.

Lentamente, tras la fecunda y poderosa etapa de la creación de la civilización, sigue una etapa que tiende a canonizar los grandes logros de la civilización, estableciéndolos como modelos inmutables, válidos para la eternidad. Comparado con el nivel primitivo desde donde las civilizaciones se habían iniciado, el ascenso era inmenso; pero, a la larga, en ese nuevo nivel las civilizaciones tenderán a estancarse. El mundo todavía no estaba preparado para la Historia con todas sus exigencias.

Corresponderá, bastante más tarde, a una rama de los indoeuropeos, los griegos –todavía desconocidos en el mundo de los grandes imperios–, hacer ese aporte decisivo: dar un nuevo y trascendental paso en la Historia.

EGIPTO

Para los viajeros de la Antigüedad, Egipto era un don del Nilo y todavía ahora –veinticinco siglos más tarde– el río Nilo sigue siendo fundamental para la vida de los millones de hombres que habitan sus riberas. Pero no fue un don gratuito: los primitivos habitantes del valle tuvieron que conquistarlo en tenaz y prolongada lucha con la naturaleza, lo que los obligó a organizarse –aceptar un mando común y colaborar ordenadamente– para poder controlar las aguas del río. Un complicado sistema de canalización repartía el preciado líquido con su fértil limo a lo ancho del valle; más allá de donde alcanza su efecto, el desierto reina en su inmensidad inhumana.

Conocimientos de épocas inmemoriales, conservados celosamente por los sacerdotes, estaban en la base de la civilización egipcia; entre los logros más significativos están: el diseño de un calendario, verificable para la segunda mitad del quinto milenio a.C.; las tempranas e imponentes obras de ingeniería, tales como canales, tumbas palacios, la elaboración de complicados rituales para la propiciación de las misteriosas fuerzas de la naturaleza; una sabia administración dirigida por un monarca divino, el faraón.

Los faraones, desde los legendarios de la primera dinastía, unifican el territorio ya alrededor del 3.200 a.C. y los de la IV dinastía ya sorprenden por sus monumentales tumbas: las pirámides de Keops, Kefrén y Micerino. Sucesivas capitales del Egipto antiguo fueron: Menfis, en el valle; Tebas, Sais, en el delta.

Tempranos contactos con la civilización que estaba gestándose en la Mesopotamia, o, posteriormente, con otros pueblos del Cercano Oriente –hicsos, hititas– no alteraron el estilo que caracterizará por milenios toda creación cultural del mundo egipcio. Predomina en él, el carácter hierático –esto es, sagrado– y monumental. El hombre queda disminuido, casi insignificante, en ese mundo de dioses de los más variados tipos: de forma humana algunos, de forma animal muchos, híbridos otros.

Los grandes templos –como los de Luxor o Abidos– con sus colosales estatuas de faraones, excavados varios en la misma roca de los acantilados que bordean el valle; las soberbias tumbas piramidales, algunas que sobrepasan los dos millones de bloques de piedra de más de dos toneladas cada uno, en su tiempo revestidas de capas de mármol, y guardando para la eternidad la momia del faraón, en medio de un riquísimo menaje; todo habla –hasta nuestros días– de la grandiosidad del Egipto antiguo, que a partir del 3.500 a.C. y hasta la conquista romana (siglo I a.C.), mantuvo casi inalterable su estilo.

Sólo desde el siglo XIX tenemos un conocimiento más amplio de Egipto gracias al desciframiento de su escritura, conocida desde la Antigüedad como *jeroglíficos*: esto es, signos sagrados; en verdad, se trata de signos ideográficos grabados en los muros o en las columnas de templos y palacios o en los muchos rollos de papiro, que la sequedad del clima ha permitido conservar. Fue el francés Champollion quien encontró la clave para leer y traducir estos textos; expediciones arqueológicas organizadas por distintos países han ido revelando la riqueza increíble, los conocimientos amplios y profundos que sobre muchos campos del saber –la medicina, por ejemplo– poseían los egipcios. El Museo de El Cairo, junto con El Louvre en París, el Vaticano o el Museo Británico en Londres, atesoran cantidad de objetos que permiten formarse una imagen aproximada de lo que fue una de las primeras grandes civilizaciones de la Historia.

MESOPOTAMIA

Aproximadamente hacia la misma época en que en el valle del Nilo se llega a las primeras expresiones de una organización superior, en la Mesopotamia, que forman los ríos Tigris y Éufrates, aparecen los más tempranos testimonios de vida urbana. Serán los sumerios, en la parte sur de la Mesopotamia, los que iniciarán una actividad creadora –en centros como Ur, Uruk, Lagash– que constituirá la base de toda civilización mesopotámica, que se prolonga hasta avanzado el siglo VI a.C., en que todo el Cercano Oriente pasa a manos de los persas.

Los sumerios, a partir de fines del cuarto milenio a.C. –seguidos por los acadios–, fuertes en sus ciudades, enriquecidas por el comercio, van perfeccionando su sistema de gobierno, con una administración y una justicia que conocemos gracias a sus *códigos*, registrados en su escritura cuneiforme. Son los grandes dioses cósmicos, representados antropomórficamente, los que conceden el poder a los reyes, de los cuales Sargón el Antiguo, gracias a sus conquistas, es el fundador de un imperio que controla las grandes rutas que del Golfo Pérsico conducen hasta el Mediterráneo; su sucesor podrá proclamarse altivamente *"señor de las cuatro regiones del mundo"*.

Grandes construcciones –que no tendrá la garantía que la piedra confiere a los monumentos egipcios– muestran, en sus palacios, el poderío, y, en los templos, la piedad de los reyes; elemento típico de la arquitectura en adobes de Mesopotamia es el *zigurat*, elevada torre de base cuadrangular con rampas laterales que conducen a un templete que corona la construcción. Esculturas de fino acabado nos conservan el tipo humano de estos reyes.

Con el comienzo del II milenio se inicia la grandeza de Babilonia (la *"puerta de los dioses"*), que alcanzará su apogeo bajo el rey Hammurabi (1790-1750), quien volvió a engrandecer a Mesopotamia bajo su autoridad y la de Marduk, dios bondadoso que propiciaba el bienestar de los súbditos del Imperio. Expresión de estos sentimientos de justicia es el famoso Código de Hammurabi de 282 artículos, con lo que este rey pasa a contarse entre los grandes legisladores de la Antigüedad. Una inmensa biblioteca formada por millones de tabletas de arcilla escritas en cuneiforme, reunía la sabiduría ya milenaria del Cercano Oriente, y es testimonio del amor que escribas y sacerdotes sentían por las más diversas expresiones de la cultura.

La presencia de grupos guerreros indoeuropeos –hititas y casitas– vino a alterar profundamente la situación en el Cercano Oriente; a la larga, emergió una nueva potencia: Asiria, ubicada en la parte norte de la Mesopotamia, con Nínive como capital.

Los asirios, que se caracterizaron por la crueldad utilizada en sus permanentes campañas guerreras –de lo que queda testimonio en abundantes relieves pétreos de fuerte realismo– llegaron a su apogeo en tiempos de Asurbanipal (668-626), quien se apoderó de Babilonia. Con todo, fue justamente la cultura babilónica la que más influyó en Asiria, de lo cual da cuenta la grandiosa biblioteca de medio millón de tablillas que Asurbanipal patrocinó. Nínive cayó el 612, en medio del regocijo general de los pueblos vecinos, y su Imperio se desmembró.

A finales del siglo VI a.C., estos territorios fueron conquistados por los persas, pueblo indoeuropeo establecido en la meseta del Irán. Los persas habían iniciado una brillante etapa en la historia antigua, dirigidos por el famoso rey Ciro, fundador de la grandeza de la dinastía Aqueménida y organizador de uno de los mayores Imperios de la Antigüedad, el que se extendió –en los momentos de su mayor expansión– desde el Nilo hasta el Indo y desde el Danubio hasta el océano Índico. El poderoso imperio persa de los Aqueménidas durará hasta finales del siglo IV a.C., momento en que sucumbe, bajo el golpe de las campañas del joven rey de Macedonia, Alejandro Magno.

INDIA

También en el valle del Indo, y, mucho más tarde, en las llanuras fluviales de China, civilizaciones originales surgieron del fondo milenario de las culturas primitivas.

En la India, ya antes de la invasión de los indoeuropeos, había ciudades en cuyos restos se descubre huellas de alcantarillado (II milenio a. C.). Con la llegada de los invasores arios (indoeuropeos), se organiza una nueva sociedad dividida en *castas*, que pervive hasta hoy. La casta de los sacerdotes o brahmanes cultivó una tradición religiosa y sapiencial que se conserva en sus libros sagrados –los *Vedas*– escritos en la lengua sánscrita; en la corte de los príncipes guerreros, que formaban la segunda casta, floreció la epopeya.

En el siglo VI a.C., aparece un reformador religioso, Buda, con un gran sentido espiritual, ascético y misional; de hecho, el budismo se propagará –después de extenderse por toda India– por el Asia Central hasta China y Japón; y, por mar, hasta el Asia suroriental e Indonesia. Hoy día es una de las grandes religiones de la Humanidad y cuenta con más de 300 millones de fieles.

En India se dio también una extraordinaria arquitectura monumental, con exuberante escultura en que se representan infinidad de dioses y demonios.

CHINA

La historia arcaica de China es totalmente legendaria y sólo para fines del II milenio a.C. hay alguna precisión. Había una cantidad de principados prácticamente independientes del poder central. En uno de ellos, en el siglo VI a.C., vive Confucio, el gran legislador y sabio, quien formulará una doctrina del orden social de alta moralidad; esta doctrina tiene en el emperador, Hijo del Cielo, su centro, y en los letrados –los conocedores de la doctrina– a sus eficientes funcionarios. De hecho, este orden durará hasta comienzos del siglo XX, a pesar de las muchas crisis que China tuvo que enfrentar, provocadas especialmente por la invasión de bárbaros del norte: turcos y mongoles. Para defenderse de ellos, en el siglo III a.C., se inició la construcción de la Gran Muralla, que serpentea por montes y quebradas a lo largo de 2.450 kms.; pero la Gran Muralla no siempre fue un bastión infranqueable; por eso, muchas veces se pensó que era mejor ahogar la fuerza de los bárbaros en su mismo origen y se organizaban conquistas y expansiones que hicieron del Celeste Imperio el gran coloso del Lejano Oriente. También en China florecieron las artes monumentales y artesanales. Hacia los siglos V y VI d.C. logran una escultura con figuras idealizadas de gran belleza y finura.

Desde China hubo una marcada influencia civilizadora sobre el Japón, a partir del siglo VI de nuestra era, donde, sobre fundamentos culturales muy antiguos, floreció una civilización de gran refinamiento y de fuerte espíritu militar: la de los samuráis.

AMÉRICA

También en el continente americano –poblado a partir de antiquísimas corrientes migratorias provenientes del Viejo Mundo y Oceanía– algunos pueblos alcanzaron el nivel de altas civilizaciones, florecientes al momento del descubrimiento de estos territorios por Colón.

Estas civilizaciones se ubican –ya no en valles fluviales– sino en mesetas de la América Central: los mayas en el Yucatán, a partir del I milenio a.C. y en pleno apogeo hacia el 1.200 d.C.; en México, los aztecas, quienes, en los tres siglos anteriores a la llegada de los españoles, ejercieron una cruenta dominación sobre los pueblos circundantes; en el alto Perú, tuvo su centro el imperio de los incas o Tahuantinsuyo, esto es de las cuatro regiones, y que igualmente vio su historia interrumpida con la conquista española; este imperio, que extendió sus conquistas por el sur, hasta el río Maule en Chile, mantenía una red caminera, centrada en el Cuzco, su capital.

Sorprende el que estas civilizaciones, que en algunos aspectos alcanzaron metas dignas de admiración como sus cómputos astronómicos no utilizaran la rueda ni contaran con el caballo.

A fines del siglo XX ha salido a la luz una cultura anterior en el Perú, aún más antigua que la Olmeca y la Chavín, considerada la primigenia en la zona andina, es la llamada Cultura Caral, que habría florecido desde el 3.000 a.C. al mismo tiempo que las civilizaciones de Egipto y Mesopotamia.

Al igual que las grandes civilizaciones del Viejo Mundo, las del Nuevo Mundo se empeñaron en la construcción de imponentes monumentos pétreos: templos como el de Chichen Itzá –rescatado hoy a la voraz selva del Yucatán– con su característica pirámide maya; o el de Tenochtitlán, también piramidal, enclavado en el centro de la capital azteca, y donde se celebraban sanguinarias ceremonias de sacrificios para aplacar a sus dioses; o el templo al Sol en Tiahuanaco, donde se encuentra un preciso calendario de base astronómica. Asombrosos complejos urbanos, algunos –como Cuzco– han continuado jugando un papel hasta nuestros días; otros, como Machu Picchu –imponente fortaleza encumbrada en los Andes, a 2.500 metros de altura– permaneció escondida hasta comienzos del siglo XX.

El conocimiento de estas civilizaciones descansa fundamentalmente en la arqueología y en las crónicas de los europeos, puesto que sus sistemas de escritura fueron en general, rudimentarios; una excepción son los logogramas y glifos mayas, que se han podido descifrar.

Mayas, aztecas e incas quedaron dentro de los territorios conquistados por la Corona española, y –desde entonces– si bien sus organizaciones fueron desarticuladas, su presencia pervive, al igual que la de muchos otros pueblos indígenas: testimonio irrefutable son los rasgos étnicos de los pueblos hispanoamericanos y la supervivencia del lenguas y costumbres aborígenes en extensas zonas del continente.

Incorporada a la historia del Occidente Cristiano, Hispanoamérica constituye hoy día una de las grandes reservas para el futuro de la Humanidad.

Imagen 2: El escriba Kai, piedra calcárea pintada, Saqqara, 2395-2235 a.C., Museo del Louvre, París.

REFERENCIAS

Botton Beja, F. (coord). *Historia mínima de China*, Centro de Estudios de Asia y África, El Colegio de México, México D.F., 2010.

Frankfort, H. *Reyes y dioses. Estudio de la religión del Oriente Próximo en la Antigüedad en tanto que integración de la sociedad y la naturaleza*, Alianza, Madrid, 1988.

Kramer, N. *La historia empieza en Sumer*, Alianza, Madrid, 2010.

Liverani, M. *El antiguo oriente. Historia, sociedad y economía*, Crítica, Barcelona, 2012.

Padró, J. *Historia del Egipto faraónico*, Alianza, Madrid, 1999.

Podany, A. H. *El antiguo Oriente Próximo: una breve introducción*, Alianza, Madrid, 2016.

Rojas, T. y Murra, J. (eds.) *Historia General de América Latina*, vol. 1 Las Sociedades Originarias, Trotta, Madrid, 1999.

Wise Bauer, S. *Historia del Mundo Antiguo, Desde el origen de las Civilizaciones hasta la Caída de Roma*, Paidós, 2008.

Lección III

Los indoeuropeos

Sobre el horizonte de los primeros imperios agrícolas, a partir del segundo milenio a.C., comenzará a dejarse sentir la presencia de pueblos invasores, venidos del Norte, que transformarán profundamente el estado del mundo conocido, iniciando una nueva etapa en la Historia de la Humanidad; hoy día los conocemos como los indoeuropeos; en su tiempo, no hubo conciencia de la comunidad cultural que presentaban y pasaron milenios antes que se abriera el campo de su estudio.

Las civilizaciones anteriores dejaron abundancia de testimonios materiales importantes y la arqueología ha tenido así un campo fructuoso en el cual perfeccionarse; pero ya antes, allí estaban los imponentes monumentos de la grandeza de civilizaciones desaparecidas; en cambio, si hoy día podemos hablar de los indoeuropeos, como una realidad histórica anterior a los monumentos en que estos pueblos entraron en contacto con las viejas civilizaciones desde Egipto a India, es gracias a la filología comparada. En efecto, ha sido mediante el estudio de las lenguas, del origen y significado de las palabras –etimología y semántica– que se ha llegado a establecer la comunidad cultural, que, en un momento del pasado, fue creación de este pueblo, y que transportaron consigo sus distintos representantes en sus largas migraciones por el Viejo Mundo; creaciones culturales tan acertadas y sólidas que aún muchas de ellas hoy mantienen su vigencia en diversas partes del mundo.

Cuando los europeos llegaron a la India, a partir del siglo XVI, más de alguno observó la similitud que se da entre palabras del sánscrito y de las lenguas de Europa. Este fue el punto de partida de estudios que siguen avanzando en nuestros días y que nos permiten ya vislumbrar en ese lejano pasado una realidad común o más o menos precisa. A la filología se sumaron en el siglo XX los estudios de religiones comparadas, que vinieron a corroborar sus conclusiones respecto de pueblos emparentados culturalmente.

En una amplia zona de estepas que alcanzaba probablemente desde el sur de la Rusia actual hasta las estribaciones occidentales del Pamir, en el tercer milenio a.C., una confederación de pueblos pastores, formado por una aristocracia de guerreros, diestros en el arte de cabalgar, y que se acostumbraron a mirar el mundo desde lo alto de su montura, con lo cual acentuaron su natural señorío; por un importante cuerpo sacerdotal que conocía los ritos adecuados para entrar en contacto con los dioses celestes, esto es, del cielo, que siempre los acompañaba en sus desplazamientos –grupo que se preocupaba de mantener las viejas tradiciones, la cuales en todo caso, tenían su sede natural en la organización familiar–; y por los hombres entendidos en la crianza y cuidado de los animales que constituían su riqueza, además de la incipiente agricultura que practicaban, fueron capaces de elaborar una cultura que tenía muy bien establecidas relaciones fundamentales en los campos del derecho, de la economía, de la religión, de la familia, de la soberanía.

La filología comparada nos enseña que en el paisaje original de estos pueblos había encinas, sauces y abedules y que entre los animales que conocían estaba el caballo, el perro, el cordero, el cerdo, los vacunos, a los cuales habían domesticado, además de un número crecido que componía la fauna típica: alce, ciervos, osos, lobos, zorros, nutrias, águilas y grullas.

Por causas que desconocemos, grupos importantes de estos pueblos comenzaron largas migraciones que alcanzaron hacia oriente hasta la cuenca del Tarim, donde van a quedar en la vecindad del Imperio chino; hacia el sur, hasta el valle del Indo, donde se impusieron sobre los pueblos que habían creado la civilización del Indo –ya mencionada–, estableciendo como conquistadores el sistema de castas, esto es, una cerrada diferenciación social basada en el color; o bien hacia la meseta irania y el Asia Menor, donde fundarían, respectivamente, el Imperio persa de los Aqueménidas y mucho antes, el reino de los hititas, cuyo archivo nos proporciona los testimonios más antiguos acerca de la entrada de los indoeuropeos en la Historia; se trata de documentos fechables hacia el 1.500 a.C. y en los cuales podemos encontrar referencia a sus dioses principales y a sus instituciones peculiares. Estos grupos llegados a India y a Irán se denominaban a sí mismo *arya*, de donde procede el término arios con que también a menudo se les designa. Por último, sucesivas migraciones hacia Occidente los llevarán hasta el Mediterráneo y el Atlántico, cubriendo prácticamente la totalidad de lo que, andado el tiempo, sería Europa. Entre éstas, tenemos a los grupos de helenos, de italiotas, de celtas, de germanos y otros, que tan importante papel jugará en la historia de Occidente.

Estas migraciones siguieron dándose por milenios, siendo la última de ellas la de los eslavos, a partir del siglo VI de nuestra era, como tendremos oportunidad de ver en la parte dedicada al Mundo Medieval.

Todos estos pueblos, y especialmente los primeros, se impusieron –como quedó dicho– por su condición de jinetes, a la cual se unía la gran ventaja que les proporcionaba el uso del hierro en la confección de armas más resistentes y en el empleo del carro de guerra que les dio gran acometividad.

A partir de ese momento, su historia pasa a mezclarse con la de las antiguas civilizaciones; o bien, ellos mismos la inician por su cuenta, con el aporte de las culturas anteriores, marcándolas con su sello característico. Su estudio se nos hará más fácil y completo al comenzar a disponer de más materiales y sobre todo de testimonios escritos.

Es importante insistir en la relación lingüística que se da entre todos estos pueblos, que apunta a una comunidad cultural en los orígenes, y dejan bien en claro que no hay fundamento alguno para sostener una comunidad racial; por lo tanto, al referirnos a los indoeuropeos tenemos que pensar en pueblos que hablaban lenguas emparentadas, en un comienzo estrechamente emparentadas, y que, en contacto con otros pueblos, fueron diferenciándose, distanciándose y adquiriendo características propias. Algunas de esas lenguas se han extinguido; otras, modificadas, llegan hasta nuestros días; y de algunas de ellas, como el latín, han nacido las lenguas romances: español, italiano, francés, portugués, habladas por millones de personas en la actualidad.

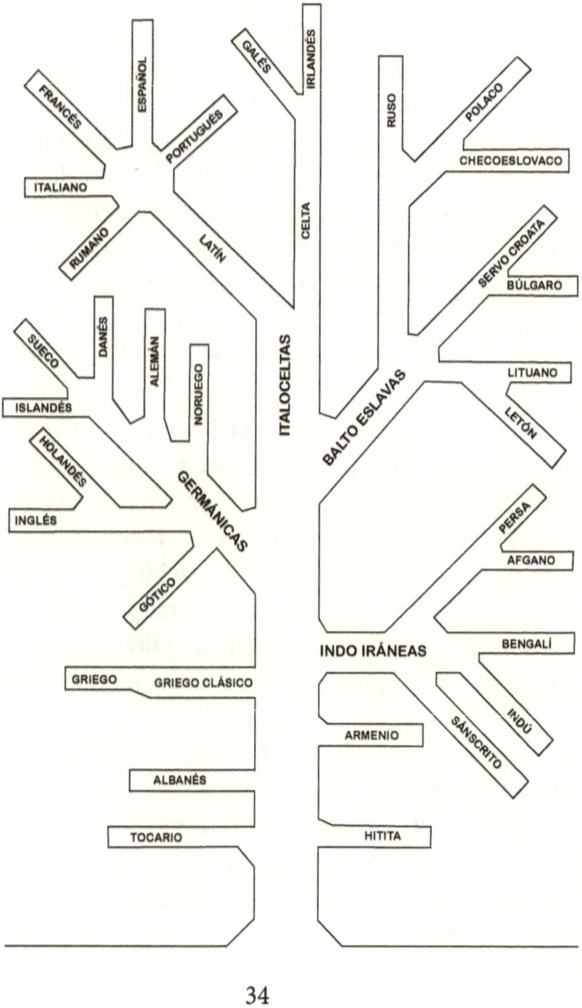

FRANCÉS
ESPAÑOL
GALÉS
IRLANDÉS
RUSO
POLACO
PORTUGUÉS
CHECOESLOVACO
ITALIANO
RUMANO
LATÍN
CELTA
SERVO CROATA
BÚLGARO
SUECO
DANÉS
ALEMÁN
NORUEGO
ITALOCELTAS
BALTO ESLAVAS
LITUANO
ISLANDÉS
LETÓN
HOLANDÉS
GERMÁNICAS
INGLÉS
PERSA
AFGANO
GÓTICO
INDO IRÁNEAS
BENGALÍ
GRIEGO
GRIEGO CLÁSICO
ARMENIO
SÁNSCRITO
INDÚ
ALBANÉS
TOCARIO
HITITA

Imagen 3: Árbol de las lenguas indoeuropeas.

REFERENCIAS

Dumezil, G. *Los dioses soberanos de los indoeuropeos*, Herder, Barcelona, 1999.

Eliade, M. *El mito del eterno retorno: arquetipos y repetición*, Alianza, Madrid, 1982.

Hubert, H. *Los celtas y la civilización céltica, desde la época de La Tène*, Akal, Madrid, 2000.

Rodríguez Adrados, F. *Historia de las Lenguas de Europa. Una Visión General de la Evolución de las Lenguas de Europa*, Gredos, Madrid, 2008.

Walter, H. *La Aventura de las Lenguas en Occidente*, Espasa, Madrid, 1994.

Lección IV

El monoteísmo e Israel

El estudio de los pueblos más primitivos, aún existentes en el globo en los siglos XIX y XX –pigmeos, fueguinos, entre otros– permite sostener que, entre estos pueblos que representan a la Humanidad primordial, existe la arraigada creencia en un Dios Supremo. Estos pueblos que habitan en los territorios más apartados de la tierra mantendrían así la vigencia de una revelación primera a la Humanidad, en la que, además del culto a un ser supremo, se encuentra la tradición de un paraíso y de una primera falta cometida por los hombres.

Este sólido credo en un Dios Padre todopoderoso, con todas las exigencias morales implícitas, fue degenerando con el paso de los milenios hasta parar en los más crasos politeísmos, tal como se dieron entre los egipcios, los griegos, los romanos, y entre los hindúes actualmente.

En la Mesopotamia de comienzos del II milenio antes de nuestra era, en un ambiente cultural semita, en el cual la contemplación del cielo había acostumbrado a algunos hombres a sentir la presencia de la divinidad con más intensidad, y donde las continuas guerras entre ciudades creaban un clima de inestabilidad, un hombre de Ur, con su familia, sus siervos y sus animales, inició una migración por la ruta que, remontando el curso del Éufrates, conducía hacia la Siria-Palestina. Su nombre sonaba a Abraham, y con él se inicia la serie de los patriarcas bíblicos.

Abraham sintió que era Dios quien lo llamaba a dejar su tierra y sus parientes y encaminarse hacia un lugar que le indicaría, donde le haría cabeza de un gran pueblo y en su persona serían benditas todas las naciones de la Tierra. Este llamado se denomina la *"vocación de Abraham"*. Abraham tuvo fe firme en esta promesa divina y, por eso, se le llamará después *"padre de todos los creyentes"*. Al ser separado del ambiente politeísta en que vivía, Abraham pasa a ser el fiel seguidor del Dios Supremo, dispuesto a obedecerlo en todo, para merecer sus bendiciones. De esta forma se configura una alianza entre Dios y Abraham, que será renovada y ampliada repetidas veces entre Dios y el pueblo que crecerá a partir de este primer patriarca, y cuya historia se nos narra en los libros del Antiguo Testamento, palabra que precisamente en este caso se toma en el sentido de alianza. La historia del pueblo de Israel –nombre que recibe a partir de Jacob, nieto de Abraham– es una *historia sagrada* porque tiene como tema central la permanente acción de Dios, quien, en sucesivas teofanías o bien hablando a través de los profetas, interviene en el acontecer cotidiano para ir así orientando la historia en el sentido de la salvación de la Humanidad.

En una época de hambruna, los israelitas emigraron a Egipto, donde permanecieron varios siglos, siendo cada vez más maltratados, hasta que, conducidos por Moisés, abandonaron el país del Nilo –acontecimiento que será recordado anualmente en la festividad de la Pascua–, cruzaron el Mar Rojo y se internaron en el desierto del Sinaí; esta liberación se conoce como el Éxodo, título de uno de los cinco libros o Pentateuco, que escribió Moisés, y con que se inicia el Antiguo Testamento; allí se narra la creación del mundo, la vocación de Abraham y la historia de Israel hasta la muerte de Moisés.

En el monte Sinaí, Dios renovó la Alianza, dando a Moisés los Diez Mandamientos, que fueron grabados en las Tablas de la Ley; además de los aspectos de moral natural que allí están confirmados, aparece como primera exigencia el culto exclusivo al único Dios verdadero, Yahveh (YHWH). Las Tablas de la Ley se guardaron en el Arca de la Alianza, que el pueblo llevó en su peregrinaje por el desierto y en su posterior conquista de la Tierra Prometida, esto es, de Palestina.

El establecimiento en las aldeas y ciudades conquistadas a cananeos y filisteos fue paulatinamente modificado el espíritu nómade de los israelitas y ocasionó no pocos conflictos entre las viejas y sencillas tradiciones del pueblo y las costumbres urbanas de ciudades enriquecidas por el comercio, con fuerte espíritu de lucro y de ostentación, influidas sobre todo por los fenicios. Como intrépidos navegantes y astutos comerciantes, los fenicios (*punii*) fueron conocidos en todo el litoral del Mediterráneo; una de sus numerosas factorías fue Cartago. Para facilitar el registro de sus operaciones mercantiles crearon un sistema gráfico simple y práctico, que aprovecharon después los griegos y, por tanto, está en la base de nuestro alfabeto.

Hacia la segunda mitad del siglo XI a.C., las doce tribus en que estaba organizado el pueblo quisieron tener un rey, al igual que los pueblos vecinos. El primero de los reyes fue Saúl, el ungido de Dios; inicióse así un ritual –la unción con óleo bendito– que perdurará por milenos para legitimar al nuevo monarca en el mundo judeocristiano.

Los sucesores de Saúl –David (1012-972), el inspirado autor de los Salmos y valiente guerrero, y su hijo el sabio Salomón– llevaron el reino a su culminación. David hizo de Jerusalén su capital, la cual pasó a ser una de las grandes ciudades del Cercano Oriente; allí Salomón construyó el vasto recinto sagrado llamado el Templo, donde se instaló el Arca de la Alianza. Un importante cuerpo sacerdotal cumplía todo el ceremonial litúrgico que se había desarrollado, a partir de minuciosas prescripciones contenidas en los Libros Sagrados, que se apoyaban en vivencias religiosas primordiales; así, el agua, el fuego, la piedra, la sangre, los alimentos, con el rico simbolismo que encierran, fueron adoptados por la religión judía y serán el fundamento de la posterior liturgia cristiana.

Con estos reyes, Israel logra unir la nación, la religión y el estado, lo que le permitirá enfrentar las duras pruebas que no tardaron en sobrevenir. A la muerte de Salomón, se dividió en dos el reino, Israel, al norte y Judá, al sur, los que serán presa de poderosos vecinos –los asirios en primer lugar– que sucesivamente se irán apoderando de su territorio. En esos tiempos de calamidades públicas, que agravaban los males que desgarraban al pueblo provocados sobre todo por la codicia de los poderosos y el materialismo de los sacerdotes, se agigantan las figuras de los profetas –Isaías, Jeremías, Ezequiel, son los más recordados– quienes se esfuerzan por mantener vivo en el pueblo el culto a Yahveh, cumplido, en primer lugar, en el corazón, y anuncian una era de paz para la Humanidad purificada por el sufrimiento.

La caída de Jerusalén y la cautividad en Babilonia (586-538) contribuyeron a espiritualizar la región judía y a fomentar la esperanza en un Mesías; Mesías en quien se cumpliría la promesa hecha a Abraham y a su descendencia. Este Mesías procedería de la casa de David y sería el Salvador enviado por Dios para redimir a su pueblo de toda opresión y para instaurar un Reino definitivo en el cual, Él sería bendito por todas las naciones de la tierra.

Destruido el poderío babilónico por la naciente Persia, Ciro, el gran rey creador del nuevo Imperio, permitió la repatriación de los cautivos. La época del predominio persa terminó en las brillantes campañas de Alejandro Magno, que abrieron el Cercano Oriente a la influencia del pensamiento y modo de vida griego. En ese ambiente cosmopolita que corresponde a las grandes ciudades de la época helenística, grupos cada vez más numerosos de judíos olvidan su religión y sus tradiciones ancestrales, así como otros las cultivan celosamente. Esta dispersión de los judíos por el mundo mediterráneo, que databa de tiempos pasados y que se prolongará en los siglos siguientes, es lo que se llama la *diáspora*. En este ambiente era indispensable contar con el texto escrito de la Revelación y por ello va poniéndose por escrito y ordenándose en lo que serán los libros sagrados del Antiguo Testamento, proceso que había comenzado en tiempos de Salomón. En Alejandría, se tradujo al griego el Antiguo Testamento, versión que se conoce con el nombre de la Septuaginta o de los Setenta.

Las comunidades observantes de la Ley se agrupan alrededor de las *sinagogas*, escuelas donde los rabinos enseñan la Ley (la Torá), los Profetas y los Salmos; el conocimiento de la Sagrada Escritura pasó a ser así el timbre de prestigio más preciado en una sociedad tradicional y la garantía de su existencia como nación.

Todavía quedaban amargas pruebas para Israel; sometido a los reyes seléucidas, una violenta persecución se desata contra los judíos bajo el reinado de Antíoco IV Epífanes, cuyo apelativo (Dios manifiesto) sonaba a una verdadera blasfemia entre los judíos creyentes. La reacción nacional fue dirigida por la familia de los Macabeos, quienes a partir del 166 a.C. devolvieron a Israel la fe en su destino. Contando con el apoyo de la poderosa Roma, consiguieron fundar una dinastía que duró, en medio de las mayores desgracias, hasta que Roma decidió gobernar directamente el país (6 d.C.); entre los procuradores romanos el más famoso fue Poncio Pilato (26-36 d.C.). Estos son los años en que predicó Cristo, el Mesías anunciado por los profetas, pero no reconocido por los judíos por no ser el Mesías triunfante que la mayoría esperaba.

Las sucesivas rebeliones que surgían entre los judíos nacionalistas suscitaron una gran campaña romana que, después de un horrible asedio, culminó en la destrucción de Jerusalén y del Templo y en la venta como esclavos de toda la población sobreviviente (70 d.C.). El tesoro del Templo fue llevado a Roma para figurar en el desfile triunfal del vencedor. Con todo, las revueltas continuaron y las persecuciones se hicieron más sangrientas; sin embargo, la diáspora los había llevado por todos los territorios del Imperio Romano y hacia el siglo II d.C., posiblemente eran unos siete millones en una población que alcanzaba los setenta millones. La separación que cultivaban para conservar sus tradiciones, su altivo monoteísmo, su tenaz espíritu nacionalista, son ingredientes que explican la aversión que despertaban entre los otros pueblos y que se concretaba en frecuentes persecuciones.

Las sucesivas pruebas a que fue sometido el pueblo de Israel contribuyeron a desarrollar una idea de hombre piadoso, temeroso de Dios, fiel cumplidor de los Mandamientos, para que, gracias a su edificante conducta particular, Yahveh bendijese a su nación y, a su debido tiempo, a toda la Humanidad redimida.

Este espíritu fue el que les permitió enfrentar admirablemente dispersión y persecuciones, manteniendo incólume, hasta nuestros días, un profundo y vital sentimiento de constituir un Pueblo Elegido.

Imagen 4: "David entronizado toca el arpa" Salterio de Egbert, manuscrito latino miniado, Reichenau, c. 977-993, fol. 20v. Museo Archeologico Nazionale, Cividale.

REFERENCIAS

Assmann, J., *La distinción mosaica o el precio del monoteísmo*, Akal, Madrid, 2006.

Johnson, P., *Historia de los Judíos*, Javier Vergara Editor, Buenos Aires, 1991.

Soggin, J. A., *Nueva Historia de Israel: de los Orígenes a Bar Kochba*, Desclée de Brouwer, Bilbao, 1999.

Segunda Parte

Los Griegos y el Helenismo

Lección V

El Mediterráneo y los orígenes de Grecia

El Mediterráneo oriental ha sido, desde la remota antigüedad, una zona en la cual influencias procedentes de las culturas ribereñas han circulado ampliamente. El mar, dada las especiales características de ese paisaje, con costas abundantes en caletas y con numerosas islas, ha invitado siempre a la navegación; aun pueblos en cuyas tradiciones nada había que estimulara a los afanes marineros, muy pronto se han convertido en tales; el mar, en este caso, no separa sino acerca a los pueblos que habitan sus costas.

Hacia el 2.500 a.C., la isla de Creta, uno de esos lugares privilegiados en el Mundo Antiguo, inicia una espléndida historia; al cabo de mil años llegará a su apogeo. Desde entonces, Creta fue conocida por la leyenda del minotauro, monstruo con cabeza de toro, que exigía tributo humano a los pueblos sometidos a su talasocracia (imperio marítimo), hasta que fue vencido por el héroe ateniense Teseo. Iba a corresponder a un arqueólogo inglés, Arthur Evans, a comienzos del siglo XX, desenterrar las ruinas que revelaron la brillante civilización cretense o minoica.

De los muchos lugares excavados, Cnossos es, sin duda, el más importante; allí se descubrió un palacio, cuya planta compleja y densa explicaba que los visitantes antiguos hayan elaborado la idea de laberinto para referirse a él; con todo, el término mismo conserva una palabra correspondiente a ese mundo, *labrys*, esto es, la doble hacha, un objeto sagrado que tenía en ese palacio su culto.

Cnossos, así como otros grandes palacios, dan testimonio de una vida tranquila y refinada, que fue posible gracias al comercio que los isleños supieron mantener con Egipto, Asia Menor y las costas de Siria Palestina.

En esos palacios se gozaba con la naturaleza, contemplada desde sus terrazas; con la destreza y elegancia de hombres y mujeres, tan brillantemente recogidos en las pinturas murales y en las vasijas; con las comodidades de sus construcciones, en que baños y sistemas de drenaje constituían toda una novedad, que tardaría milenios antes de generalizarse.

La ausencia de fortificaciones, tan características para otras culturas de la misma época y posteriores, nos habla de la seguridad que estos hombres tenían de su situación insular y del control que ejercían con sus flotas en las rutas marítimas, y que efectivamente los acompañó hasta el desastre final (1.100 a.C.).

Los cretenses fueron capaces de inventar también una escritura –que, hasta el momento, resiste a todo intento de desciframiento– la cual, sin duda, fue respuesta a la necesidad de inventariar sus bienes y mantener al día su contabilidad, exigida por su comercio.

Su religión veneraba al toro, en quien se encarnaba la fuerza vital de la naturaleza; y, como parte de su culto, practicaban arriesgados ejercicios saltando por sobre el lomo del toro, impulsados en sus cuernos (tauromaquia). Los cuernos mismos eran un elemento importante en la ornamentación sagrada de algunos de sus recintos. Junto al toro, se veneraba a la diosa madre, representada por una mujer con senos exuberantes, que dominaba con sus manos a dos sierpes, símbolo de los poderes subterráneos.

El culto a la diosa madre procede de los antiquísimos tiempos de la paleohistoria, y todo el complejo religioso cretense, así como el del Egeo, integrando, por tanto, las poblaciones prehelénicas de los Balcanes, hablan –hasta donde podemos interpretarlo correctamente– de la persistencia de creencias en divinidades telúricas, estrechamente ligadas a sociedades agrícolas primitivas.

Hacia 1.800 a.C., mientras en Creta se avanzaba en la creación de la civilización minoica, en la península de los Balcanes, comenzaba la lenta y prologada migración de grupos de una rama de los indoeuropeos: los aqueos. Hoy estamos en condiciones de afirmar que estos hombres, que originaron la cultura llamada *heládica*, eran ya griegos. Traían consigo a los dioses celestes –típicos de los indoeuropeos– encabezados por el Padre Zeus, hermoso y resplandeciente, pero también amenazador y terrible en su papel de monarca celeste. Estas divinidades iban a instalar su morada en la cima del Olimpo, siempre coronada de nubes. Los aqueos avanzaban montando en sus caballos, con carros y carretas para transportar sus familias y enseres; fabricaban una cerámica característica, que permite comprobar su recorrido desde el Danubio al sur. Cuando se instalaban, construían sus moradas en forma de un rectángulo, precedido por un sencillo pórtico y cubierto con techo de dos aguas; el recinto tenía en su centro el fuego sagrado, el hogar familiar. Esta construcción peculiar de los griegos, y punto de partida de formas arquitectónicas posteriores, se conoce con el nombre de *megaron*.

Grupo de guerreros aqueos con organización señorial, fueron apoderándose del territorio, ubicando puntos estratégicos para allí levantar sus ciudadelas y organizar su dominio. (La influencia cretense se deja sentir en muchos campos de su cultura. Así, cuando precisaron de la escritura, recurrieron a los signos minoicos, que acomodaron a su fonética, poniendo por escrito el griego arcaico que hablaban. Sólo en 1953 se inició el desciframiento de tabletas que permitió asegurar que esos hombres eran griegos, conocidos con el nombre de *aqueos*, que ellos mismos se daban. Los textos de las tabletas nos revelan una sociedad organizada alrededor de los reyes, entregada a múltiples actividades: agricultura, comercio, artesanía, que explican los tesoros de que disponían.

Esta evidencia lingüística viene a sumarse a ricos testimonios arqueológicos que se deben –en primer lugar– al espíritu genial y pertinaz de un alemán del siglo XIX, devoto lector de los poemas homéricos, Enrique Schliemann. En la *Ilíada* y en la *Odisea* se mencionan a menudo como importantes lugares, sedes de reyes poderosos que participaron en la guerra contra Troya, sitios que después sólo eran un montón de ruinas y de los que aún, en algunos casos, se perdió hasta su ubicación. Entre esos lugares estaban: Tirinto, Pilos y sobre todo Micenas. Schliemann, después de ubicar y excavar Troya, realizó descubrimientos impresionantes en la acrópolis –la ciudadela– de Micenas, conocida hasta entonces, al igual que Tirinto, por sus ciclópeos muros y por su monumental Puerta de los Leones. Una tumba entregó utensilios, alhajas y máscaras de oro, y Schliemann creyó encontrarse ante los restos del mismo Agamenón, uno de los héroes de la Ilíada.

Justamente la guerra contra Troya fue, al parecer, la última gran empresa de esta brillante época de los aqueos, a la que puso fin hacia el 1.000 a.C. la invasión de los *dorios,* grupo rezagado de los griegos. El conocimiento del hierro convierte a los dorios en temibles guerreros y duros conquistadores. La cultura micénica declinó rápidamente desde el esplendor que había alcanzado; aun la escultura se pierde, y por varios siglos los Balcanes quedaron marginados de la historia; pero la civilización helénica, que había emergido con los aqueos tenía reservas muy poderosas; las generaciones siguientes en lenta, callada, pero fecunda tarea, sabrán cultivarla y producir los primeros frutos de un nuevo ascenso en la historia de la Humanidad, que nos conducirá hasta una de sus cimas más descollantes: la Grecia clásica.

Imagen 5: El príncipe de los lirios, pintura mural minoica, Cnosos, Creta.

REFERENCIAS

Braudel, F., *Memorias del Mediterráneo: prehistoria y antigüedad*, Cátedra, Madrid, 1998.

Buono-Core, R., *El Mediterráneo y la Diplomacia en la Antigua Grecia*, Ediciones Universitarias de Valparaíso, 2012.

Cottrell, L., *El toro de Minos*, Fondo de Cultura Económica, México D.F., 1958.

Lane Fox, R., *El Mundo Clásico. La Epopeya de Grecia y Roma*, Crítica, Barcelona, 2007.

Lección VI

El mundo de los dioses, de los héroes y de los simples mortales

Maravillosas leyendas procedentes del mundo micénico, que mostraban una sociedad dirigida por un conjunto de nobles –en trato fácil con los dioses– muchos de ellos vástagos de divinidades, hermosos y valientes, en contraste con las imágenes contemporáneas de un mundo mucho menos espléndido, pero que añoraba profundamente a aquél, son los componentes fundamentales de los poemas homéricos, obra excepcional con que se inicia la literatura griega y, con ella, la de Occidente.

Homero, en el siglo VIII, da cuenta de una larga y amplia tradición poética, mantenida a nivel de literatura oral, por bardos y rapsodas, y que él selecciona, ordena y compone creando una obra madura, llamada a ejercer una acción profunda en el alma de las generaciones siguientes; durante siglos, los griegos encontraron en la Ilíada y la Odisea, temas abundantes para inspirarse en creaciones culturales múltiples –drama, pintura, escultura–, pero fue en su mismo espíritu donde imprimió una huella más profunda; los héroes homéricos se constituyeron en figuras ideales y modelos exigentes que contribuyeron a plasmar su alma propia. Con razón, pues, se dijo que Homero había sido el educador de toda Grecia.

El tema de la Ilíada queda planteado desde el primer verso del extenso poema: *"Canta, oh diosa, la cólera del Pélida Aquiles"*, cólera funesta que puso en peligro a la fuerza de los aqueos, al abstenerse el más valeroso de sus héroes de combatir, ofendido por un gesto de Agamenón, el caudillo máximo de las huestes griegas acampadas frente a Troya, y procedentes de distantes puntos de los Balcanes y del Egeo. Sólo la muerte de su amigo entrañable, Patroclo, a manos de Héctor, el más noble héroe troyano, consigue que Aquiles retorne a los combates para vengar esa muerte tan amarga. El poema concluye con la visita suplicante del anciano rey de Troya y padre de Héctor, de Príamo, al fiero Aquiles para pedir el cadáver de su hijo y cumplir con los ritos funerarios; escena emocionante, que conmueve profundamente a los interlocutores y que *"marca el comienzo de la trayectoria del humanismo occidental"*.

El poema pinta una sociedad de nobles guerreros, valerosos y crueles, que deben corresponder en gran parte al ambiente de la época micénica. Cada uno de ellos es un héroe o se empeña en serlo, y el combate cuerpo a cuerpo es el momento adecuado para probarlo, tal como las duras competencias –las carreras de carros, la lucha, el lanzamiento del dardo, de la bala– que preludian los juegos que tanta importancia tendrán entre los griegos posteriores.

El héroe vive de la fama que sus acciones gloriosas suscitan entre sus contemporáneos, y confía en que ella mantendrá vivo su recuerdo entre sus descendientes; extinguida la fama, se extingue también para ellos la vida, ya que no tenían conciencia clara de una vida de ultratumba. A diferencia del egipcio que aspira a perpetuarse momificando su cuerpo, el griego conquista la eternidad con las grandes acciones. Sometiéndose a pruebas constantemente, en una tensión permanente por destacarse, los héroes poco tiempo tienen para cultivar otras virtudes; les basta con ser el mejor en el combate o en los juegos y el más elocuente en la asamblea. Educados desde niños para una dura competencia, sabían, con todo, gozar de la vida: opíparos banquetes con abundante vino y dulce música, relucientes y bien cinceladas armas, briosos corceles y hermosas mujeres, encantaban su existencia. Se comprende que estos hombres soberbios y altaneros, en muchos aspectos admirables, tenían también sus puntos débiles;

egoístas y vanidosos, pocas cosas podrían conmoverlos: el amor a la familia, en algunos casos; en otros, el prestigio de la estirpe, el cariño por el terruño o la amistad.

A partir de la imagen del héroe homérico y de la excelencia a que aspira, lo que confiere un sentido de clase superior a esos hombres convencidos de ser los mejores, los *aristoi* –porque cada uno de ellos posee la *areté* (virtud)–, se inicia un largo proceso que se orienta en dos sentidos. Por una parte, los grupos que insisten en mantener dicho estilo de vida, fundando su prestigio en sus virtudes guerreras y que constituyen una aristocracia tradicional cerrada a las innovaciones y que se torna poco a poco anacrónica; Esparta es un buen ejemplo de esta incapacidad para adecuar los valores tradicionales a las nuevas realidades que presenta la vida. Por otra parte, están los que ven en el héroe y sus exigencias un incentivo para cultivar más ampliamente al hombre, cuidando en primer lugar del espíritu, porque las virtudes que muestran la excelencia del hombre no tienen por qué ser solamente las militares; en este sentido, se abría una vía novedosa para el concepto del heroísmo que debía fecundar momentos culminantes de la historia griega, sobre todo en Atenas, y que llega hasta nosotros.

El novedoso viaje de retorno a su casa, en Ítaca, y a su amada Penélope, es el tema principal de la *Odisea*, gesta de Ulises u Odiseo, el ingenioso héroe que había hecho posible la conquista de Troya, al fabricar el gigantesco caballo que dejaron abandonado cundo la expedición simuló levantar el sitio y las velas. Una geografía fantástica del Mediterráneo y aledaños sirve de marco para aventuras sorprendentes, que, en todo caso, remiten a una sociedad más próxima al poeta y a su tiempo, que la de la *Ilíada*.

Sobre los héroes, está el mundo de los dioses olímpicos, los inmortales, que moran en la cumbre del Olimpo, desde donde Zeus, el padre de los dioses, lanza el rayo sobre los mortales, cuando la ira lo domina; estos dioses son la proyección celestial de la sociedad de los mortales, agitados por las mismas pasiones y debilidades que los hombres; comprometidos con ellos, tomando el partido de unos o de otros, los dioses no son un modelo para hombres sino que son modelados a imagen de los mortales, lo que caracteriza a las religiones antropomórficas; en ningún caso constituyen estos dioses un patrón moral para los humanos. Múltiples son las infidelidades de Zeus, que hacen sufrir y tomar venganza a su esposa Hera. Con todo, Apolo, el dios de la luz, y Atenea, nacida de la mente de Zeus y ella misma toda razón, son un paso importante en la renovación espiritual de los dioses griegos, en consonancia con una sociedad mucho más preocupada de preceptos morales y de la justificación de su existencia. Dioniso, en cambio, el dios de la vendimia y del desenfreno, que a veces domina al hombre, no dejó nunca de tener sus entusiastas seguidores.

Homero era oriundo de la isla de Quíos o de su cercanía, claro testimonio de cómo había prendido la cultura griega en las costas del Asia Menor, a consecuencia de la invasión de los dorios que había provocado nuevas corrientes migratorias al conmover hasta sus cimientos al mundo micénico. En cambio, de la Grecia central, de la campestre Beocia, es Hesíodo, el otro poeta de la Grecia arcaica, y presumiblemente su contemporáneo, por lo tanto, también del siglo VIII.

Para esta época, una copiosa mitología era ya patrimonio de los griegos; en el fondo, cada mito es un intento por explicar alguna dimensión desconocida del mundo exterior o alguna de las muchas incógnitas del ser. Los mitos primigenios originan otros, y nuevos agregados van enriqueciéndolos o, a lo largo del tiempo, deformándolos.

Hesíodo recoge y ordena la profusión de mitos arcaicos en su *Teogonía* alrededor de los tres dioses que han regido sucesivamente: Urano, Cronos y Zeus; y presenta su punto de vista acerca de problemas que agobian a sus semejantes, y a él mismo, en *Los Trabajos y los Días*: la injusticia en primer lugar. El tono de la epopeya, grandioso, pero difícilmente personal, es reemplazado por un tono didáctico, pacato, lleno de consejas nacidas de la experiencia en la dura vida del trabajo cotidiano. La realidad de una Grecia de campesinos y navegantes que se esfuerzan por conquistar con sudor los bienes de una naturaleza dura, otorga al poema una dimensión humana, cercana y perenne. La fuerza divina de la justicia, la apología del trabajo, las ventajas del ahorro, nos introducen en un mundo de simples mortales, distantes de los héroes pertenecientes a otra edad.

De la Edad de Oro –cuando los dioses moraban en la tierra– hasta la edad de Hesíodo, la del Hierro, una decadencia marca el curso de la historia, según la visión pesimista –que el poeta propone–, visión que tantas veces ha prendido en la conciencia de los hombres, al poner en el pasado el tiempo ideal. En un mundo tal, muchos son los males que afligen al hombre; con todo, siempre la esperanza anida en su corazón. Eso es lo que nos enseña el mito de la caja de Pandora, uno de los muchos que las *Musas* inspiraron al poeta.

Imagen 6: Aquiles y Áyax jugando a los dados, ánfora con figuras negras pintada por Exequias, s. VI a. C., Museos Vaticanos, Roma.

REFERENCIAS

Cartledge, P. *Los Griegos*, Crítica, Barcelona, 2000.

Chadwick, J. *El mundo micénico*, Alianza, Madrid, 1986.

Grimal, P. *Diccionario de Mitología Griega y Romana*, Paidós, Barcelona, 1991.

Latacz, J. *Troya y Homero: la resolución de un enigma*, Ediciones Destino, 2003.

Pomeroy, S., Burstein, S., et al. *La Antigua Grecia*, Crítica, 2002.

Vernant, J. P. *Mito y religión en la Grecia Antigua*, Paidós, Barcelona, 2009.

Lección VII

La polis: novedad griega

La naturaleza en la Grecia continental ofrece una gran variedad de paisajes, producto de su complicada orografía; pero todos ellos tienen en común la proximidad del mar y unas dimensiones que siempre los hacen cercanos al hombre, quien puede dominarlos desde uno de los tantos promontorios, o recorrerlos, conocerlos y amarlos. Se dio, pues, desde temprano, una relación del hombre con la naturaleza que tiende a humanizarla y hacerla productiva con su trabajo tenaz; campos de trigo y de viñedos y lomajes de olivos eran elementos característicos de su paisaje, donde entonces abundaban macizos bosques de castaños, de robles y de encinos. Territorios poblados a lo largo de milenios, aventajados respecto a otros por uno de los tantos factores que hacen atractivo un lugar para vivir, y en donde las ciudades prosperaron, al aumentar la población, diversificarse las actividades, intensificarse el comercio, tales fueron la Argólida, la Beocia, el Atica y muchos más. Lugares agrestes en el centro del Peloponeso mantuvieron vivo por siglos el recuerdo de una vida rústica y frugal, evocada poéticamente como la *Arcadia feliz*; en el espacioso valle de la Tesalia fue posible seguir criando caballares hasta la época clásica y conservar así las tradiciones de la vieja aristocracia, tal como en Laconia en el Peloponeso; más al norte, Macedonia fue considerada siempre ya territorio límite con los bárbaros; en Epiro, en los encinares de Dodona, no era el viento el que susurraba sino el mismo Zeus que hablaba; en Delfos, el paisaje invitaba al recogimiento que hace posible las grandes teofanías; pero no se trataba sólo de estos lugares privilegiados; en verdad, para los griegos todo su territorio estaba pleno de la presencia de los dioses, en los ríos y fuentes, en las hondonadas y cumbres, en los bosques y playas, en todas partes se veneraba alguna manifestación de cada dios, alguna teogonía.

Territorio amado por los dioses y por los hombres, Grecia, con todo, era pobre y sólo el trabajo duro –que proclama Hesíodo– permitía vivir, y vivir modestamente. Grecia no conoció la opulencia oriental y sus hombres se preciaban de su moderación como de un rasgo distintivo frente a la ostentación y derroche de los bárbaros.

Desde muy temprano, el griego sintió la invitación del mar, a descubrir rutas y a poblar las islas vecinas. Las ventajas eran evidentes y pronto fue aventurándose a travesías más arriesgadas; así, cuando fue necesario escapar de los dorios, ya estaban preparados para migraciones que los llevaron hasta las costas del Asia Menor, que pasó a ser desde entonces fecundo solar para el cultivo del espíritu griego. Las ciudades que allí fundaron, viviendo en estrecho contacto con las antiquísimas culturas orientales, adelantaron en muchos aspectos a las de la Grecia continental.

Nuevas corrientes migratorias se dieron en los siglos venideros, siguiendo rutas ya abiertas por el comercio, e hicieron posible que en muchos puntos del Mediterráneo y del Mar Negro se instalaran los griegos, intensificando la influencia de su cultura que el comercio había iniciado. Así llegaron también hasta el Mediterráneo occidental. Todo el sur de Italia iba a ser colonizado por los griegos, estableciendo otras zonas de preponderancia del estilo de vida helénico, a tal punto, que fue conocida como la Magna Grecia.

La colonización griega fue, a veces, una solución para sectores de población de las ciudades del continente, en un momento en que la proliferación de guerras civiles hizo aparecer vencedores y vencidos, a los cuales la emigración ofrecía un nuevo horizonte; otras fue salida para grupos incómodos en un mundo que se hacía chico; y a menudo, fue un intento por abrir nuevos mercados para una economía que necesitaba exportar su vino y su aceite para conseguir el trigo que siempre escaseaba.

Las ciudades planeaban y organizaban la colonización como una empresa oficial, y la nueva ciudad continuaba ligada a su ciudad madre –la metrópoli– por lazos imperecederos, que las unían para enfrentar las alternativas del porvenir. El fuego sagrado, traído desde la metrópoli, luego de un oráculo auspicioso, y solemnemente instalado en la nueva colonia, era el símbolo de la comunidad que se establecía.

En la Grecia continental y en las zonas de colonización, las ciudades tuvieron como característica el ser cada una de ellas, a la vez, un *estado*; el paisaje, con sus múltiples regiones, contribuía a darles expresión territorial nítida; el personalismo proveniente de la época heroica fomentaba tradiciones locales arraigadas, que tendían a crear un ámbito propio; así fueron surgiendo las ciudades-estados, creación típica del genio griego, el cual no podía concebir a un verdadero hombre ajeno a la vida de su ciudad. La *polis* genera al hombre *político*, esto es, al hombre preocupado y comprometido con la historia de su ciudad, con sus dioses, con sus intereses comerciales, en suma, con el *bien común* de su ciudad. La *polis* es el lugar más apto para cultivar al hombre en la convivencia con los demás hombres, donde aprenderá las virtudes, comenzando por la *mesura* que exige la vida, y que pasa a constituirse en uno de los ideales de los griegos.

El contacto estrecho con las grandes culturas del Cercano Oriente y con las zonas primitivas de los territorios occidentales y costas boreales del Mar Negro, permitió a los griegos descubrir qué era lo que los unía entre sí, a pesar de su acentuado localismo. En concepto de *bárbaro* —con el que se designó al que no habla griego y que, en consecuencia, es ajeno a sus tradiciones— sirvió para que los griegos acentuasen su unidad cultural.

Fue en las ciudades griegas de las costas del Asia Menor donde justamente se originó un ambiente espiritual que estimulaba al hombre para iniciar una indagación acerca del ser de la naturaleza y de sí mismo. Preguntas fundamentales y el intento de darles respuestas constituyen, desde entonces, el meollo de toda filosofía. Estas inquietudes del espíritu tuvieron en esas ciudades jónicas —Mileto, Samos, Éfeso, Halicarnaso— a sus primeros cultivadores. A este conjunto de pensadores originales se conoce hoy con el hombre de los *presocráticos* y, entre ellos, hay que recordar a Tales, a Anaximandro, a Pitágoras, a Parménides, a Heráclito.

Estos hombres notaron que la palabra —*logos*— tiene una fuerza extraordinaria, ya, de algún modo, sentida en la potencia terrible de la palabra sagrada; ahora será la palabra *lógica*, es decir, sometida y encauzada por sus propias exigencias, nacidas de la razón, la que hará posible someter a la *crítica*, instituciones y costumbres, tradiciones y mitos, que no podrán mantenerse frente al ariete demoledor que significan preguntas directas y categóricas y que sólo aceptan respuestas razonables y lógicas. Grecia comenzó a vivir en situación crítica, esto es, a enfrentar crisis tras crisis, en un intento por aproximarse a la *verdad*, principio y fundamento de todo; la tarea era y es tremendamente peligrosa porque la crítica tanto puede ayudar a construir un mundo más humano, como puede agotarse en un repudio exacerbado por todo lo establecido, que conduzca a un verdadero caos social. El hombre de Occidente va a tener, desde entonces, como una de sus características más notorias y distintivas, esta capacidad crítica que lo hará participar tan activamente en la construcción de su historia; explica, a la vez, los giros tan trascendentales que siempre quiere imprimirle.

La preocupación por averiguar la verdad de lo acontecido, sometiendo a una crítica racional los testimonios recogidos, y tratando de ver claro en la confusión del presente, y todavía, si es posible, vislumbrar el curso de los acontecimientos, es la tarea de la *historia*, que, a partir de la epopeya, de las genealogías, y del gusto por la geografía exótica, fue adquiriendo sus contornos propios también en las ciudades jonias del Asia Menor.

La poesía muestra, igualmente, que el hombre siente dentro de sí una ebullición abrasadora, que lo obliga a cantar apasionadamente, ya no el mundo de dioses y héroes, sino su propio mundo interior, en el que anida amor y odio, alegría y tristeza, afán y desgano: la *lírica* florece. Todos estos movimientos espirituales ponen el acento en el papel protagónico que cumple el hombre; de allí la importancia de conocerlo en toda su profundidad y alcance; el *"conócete a ti mismo"*, sentencia esculpida en el frontón del templo de Apolo en Delfos, constituye así naturalmente el punto de partida del filosofar, y entonces se comprende la otra sentencia tan definitoria del espíritu griego: *"el hombre es la medida de todas las cosas"*, esto es, que todas las cosas pueden ser medidas a partir de una medida que es el hombre mismo. Con razón se ha dicho, pues, que la civilización griega, que avanza tan rápidamente hacia su culminación, es esencialmente antropocéntrica, es decir, el hombre y sus problemas pasan a ser el centro a partir del cual toman sentido sus creaciones culturales más características: filosofía, literatura, artes plásticas y política.

Una época de transformaciones profundas se estaba gestando en el alma de estos hombres; pronto muchas ciudades griegas iban a ver sus viejas instituciones cuestionadas e intentarían caminos inéditos para sus muchos afanes.

Las monarquías tradicionales y las aristocracias de estirpe son duramente criticadas y repudiadas; posiciones antagónicas toman formas de partidos irreductibles, y se fomentan las odiosidades, acrecentadas por incomprensiones mutuas, y pronto el cruento olor de la revolución se deja sentir en Grecia. En poco tiempo se dan pasos inmensos que muestran la potencia y violencia del proceso desatado. Una nueva época está por aparecer en la historia de la Humanidad; ahora ya no será en Jonia, donde se encontrarán los centros creadores, sino en la Grecia continental misma, y será Atenas su foco más luminoso.

Imagen 7: Cáliz de Dionisio, cerámica pintada, periodo arcaico.

REFERENCIAS

Boardman, J. *Los griegos de ultramar: comercio y expansión colonial antes de la era clásica*, Alianza, Madrid, 1986.

Herrera Cajas, H., "La constitución del ámbito cívico en el mundo greco romano", *Limes, 2*, 1989-1990, pp. 14-36.

Pomeroy, S., Burstein, S., et al. *La Antigua Grecia: historia política, social y cultural*, Crítica, 2002.

Roldán, J.M., Sayas, J.J. e Hidalgo, M.J. *Historia de Grecia Antigua*, Ediciones Universidad de Salamanca, 2005.

Lección VIII

Atenas y el siglo de Pericles

Ambientes reducidos geográficamente como eran las ciudades-estados griegas, acusan profundamente las transformaciones que la sociedad va forjando en su propio seno. El proceso que conduce de las monarquías tradicionales a las democracias directas está jalonado por las reformas políticas que aparecen como respuesta a problemas agudos que afligen a las ciudades en crecimiento: la riqueza de algunos pocos que han concentrado en sus manos la propiedad, y la pobreza de muchos; la injusticia que generalmente se deriva de una situación así; el endeudamiento con la amenaza de esclavitud consiguiente, son males que la colonización no alcanza a eliminar y que siguen provocando tensiones peligrosas entre los ciudadanos. Cuando la situación se hacía insostenible, como una manera de superar el desorden, algunas ciudades aceptaban someterse al poder de uno de los suyos apoyado por la fuerza de las armas; se le denominaba *tirano*, palabra que apuntaba a la falta de fundamentos legales o tradicionales para ejercer el gobierno y no a sus condiciones morales o a su capacidad, ya que, en muchos casos, los tiranos fueron una solución para sus ciudades, a las que engrandecieron al instaurar un período de orden y eficiencia.

En otras ciudades, el prestigio indiscutido de uno de los ciudadanos —su sabiduría— hacía posible que fuese elegido y encargado de dar leyes para resolver el estado crítico en que se encontraba la ciudad, desgarrada por la incomprensión y oposición de sus miembros. A estos personajes excepcionales se les conoce como *legisladores* y, sin duda, el más famoso fue Solón en Atenas. A ellos correspondió formular una legislación que obtenía su validez del acierto con que fuese capaz de resolver los agudos problemas contemporáneos y así recibir la aceptación general, única garantía para su mantenimiento; el concepto del *bien común* se iba precisando por sobre las ambiciones personales y la estrechez de miras de los grupos tradicionales.

Al iniciarse el siglo V a.C., el mundo griego muestra una gran variedad de situaciones políticas que van desde las monarquías tradicionales y oligarquías poderosas, hasta las tiranías y democracias incipientes; podemos imaginar un laboratorio con múltiples tubos de ensayo, cada uno de los cuales corresponde a una de las póleis, y mientras se siguen los ensayos, afuera se prepara el gran temporal que amenazará con barrer el laboratorio entero: nos referimos a las expediciones militares organizadas por el poderoso imperio de persas y de medos, pueblos del cual toman su nombre las *guerras médicas*.

Aunque indoeuropeos en su origen, medos y persas, al constituir su imperio y conquistar en sucesivas campañas, Mesopotamia, Siria-Palestina, Egipto y Asia Menor, representaban el mundo oriental tan radicalmente distinto de aquel que los griegos, desde hacía centurias, se habían empeñado en construir: un mundo de hombres libres —inquietos espiritualmente, armados de la razón— opuesto a un mundo de *súbditos*, sometidos al Gran Rey y a tradiciones inmemoriales e indiscutidas. Una comparación territorial y de los recursos que por uno u otro lado se disponían, y de las fuerzas que formaban en uno y otro ejército, resalta la aparente debilidad de los griegos frente al poderío descomunal de los persas; tanto más cuanto ni siquiera este inminente peligro logró unir férreamente a los griegos en su defensa, superando los antagonismos entre las ciudades. En las guerras médicas se jugaría no sólo el porvenir de las ciudades griegas sino también el futuro de Occidente, y, por eso, debemos recordar con gratitud la valentía de esos guerreros y admirar la entereza de sus estadistas que hicieron posible el triunfo de las armas y de los ideales griegos. Jornadas como las de Maratón, Platea y Salamina, sacrificios como el de las Termópilas, constituyen un acto de fe permanente en el valor del espíritu frente a la fuerza.

Atenas había sido la ciudad que más ánimo tuvo para enfrentar a los persas; había sido una de las más destruidas y una de las que había conquistado mayores laureles. Triunfantes las armas griegas, Atenas pasó a ser la ciudad más importante y a constituirse naturalmente en centro de una confederación de ciudades, la *liga de Delos*, lo que contribuyó a sumar a su prestigio, medios materiales con que hacer posible su grandeza; en verdad, durante este período, Atenas desarrolló e impuso un auténtico imperialismo, que le permitió hacer gozar a todos sus ciudadanos de los beneficios de la democracia, tal como ellos la entendían.

Un gran estadista, Pericles, magnánimo y realista, tuvo en sus manos los destinos de la cuidad por treinta años, años en los que Atenas alcanzó la cúspide de su gloria monumental y humana. Las victorias navales conquistadas por Atenas frente a los persas habían servido también para comprender que una victoria es patrimonio de toda la comunidad empeñada en dicha empresa: el estratega, los capitanes y los soldados, todos ellos pertenecientes a familias aristocráticas y adineradas —requisitos indispensables para adiestrarse en el manejo de las armas y para disponer de ellas— y los remeros, representantes de los sectores pobres de la población. Atenas, salvada por su pueblo —*demos*— dará a este mismo pueblo los medios para hacer efectiva su participación en su gobierno: la democracia directa entra en ejercicio y Pericles, elegido periódicamente estratega durante quince años consecutivos (443-428) de acuerdo a la constitución del estado, será el que con su talento garantice su funcionamiento. Posiblemente Atenas contaba unos 30.000 ciudadanos, entusiasmados en su mayoría con los grandes proyectos y con las realizaciones del genial estadista, que pronto dieron a Atenas una verdadera hegemonía sobre las demás ciudades de la Liga y la convirtieron en una espléndida capital con hermosos monumentos de mármol, con una intensa vida cultural y bullente de actividad comercial.

Testimonio imperecedero fue la remodelación de la *Acrópolis*, la colina que domina Atenas, con sus majestuosas escalinatas y pórticos y con sus templos, modelo de elegancia y de clásico equilibrio, entre los cuales destaca el *Partenón*, dedicado a la diosa Atenea Parthenos (virgen), protectora de la ciudad. El arquitecto y escultor Fidias, amigo personal de Pericles, fue el genial realizador del embellecimiento de la Acrópolis. Las ruinas del Partenón —verdadero símbolo plástico de la nobleza del espíritu griego— todavía son capaces de producir una profunda admiración por la serena armonía que lo caracteriza.

La presencia de un crecido número de extranjeros (metecos) —fácilmente unos diez mil— atraídos por la liberalidad con que se les trataba y las muchas posibilidades que les ofrecía el mercado ateniense, contribuía a animar la vida de la ciudad; por último, unos cien mil esclavos, mano de obra indispensable para los trabajos más duros y sin los cuales resultaba incomprensible la vida de los ciudadanos, componían la población del estado ateniense estos esclavos se beneficiaban con el avance hacia el humanitarismo que se cultivaba en la ciudad.

Sumados ciudadanos, metecos y esclavos, con sus respectivas familias, la población de Atenas llegaría a unos 300.000 habitantes y es esta ciudad –pequeña, comparada con las inmensas urbes contemporáneas– la que conquistó una gloria imperecedera, gracias a la potencia espiritual de un puñado de hombres, estadistas, pensadores, artistas, que quisieron hacer de su ciudad un lugar privilegiado para vivir en plenitud; el humanismo floreció y dio frutos que la Humanidad todavía sigue saboreando.

La educación tradicionalmente había sido una relación personal que se establecía entre un maestro —*pedagogo*— y un joven, y que, en consecuencia, sólo beneficiaba a muy pocos, y estos, pertenecientes a grupos aristocráticos, únicos que podían tomarse tiempo para ello. Con el acceso de grandes sectores de la población al bienestar, aparecen muchos nuevos candidatos a recibir los beneficios de aprender a bien hablar, a bien comportarse, a bien pensar; y aparecen también pedagogos que abren escuelas donde venden sus conocimientos; la educación se generaliza y entran en crisis los fundamentos de la vieja cultura aristocrática. Ya no se trata únicamente de cultivar los ideales de la nobleza, ocupada de la equitación y desgastándose en una vida elegante; el nuevo ideal que atrae a todos es la política; formar al hombre que sea capaz de desempeñarse como tal, es el gran ofrecimiento que hacen nuevos maestros, los sofistas; éstos se jactan de enseñar a tener siempre la razón, habilidad fundamental para el que tiene ambiciones políticas.

Junto a los sofistas aparece Sócrates, un maestro de verdad, fundador de una escuela de pensamiento que inicia una nueva era en la filosofía de Occidente. Los filósofos anteriores habían estado preocupados preponderantemente de la naturaleza, de las cosas y del mundo; con Sócrates se ancla definitivamente la filosofía en el problema del ser y de sus atributos (virtudes). Su doctrina, recogida y transmitida por Platón, su más distinguido discípulo, y filósofo de gran fuste él mismo, constituirá uno de los fundamentos espirituales de Occidente.

El siglo de Pericles vio igualmente en Atenas el florecimiento de un nuevo género literario: la *tragedia*, primero con Esquilo y después con Sófocles y Eurípides. La fuerza de la tragedia reside en la presentación por los actores de situaciones que tocan intensamente el alma de los asistentes a la representación teatral. La tragedia se constituye así en una poderosa herramienta educativa que utiliza Atenas para mejorar a sus ciudadanos, haciéndoles participar y vibrar con mensajes de elevada sabiduría, que podrían quedar resumidos en la sentencia de Esquilo: "Sólo a través del sufrimiento se alcanza la sabiduría".

Si bien el proceso político que se desarrolló en Atenas interesa por ser el primer ejemplo que tenemos en que se ponen a prueba las distintas formas de gobierno, con todo, es mucho más apasionante la capacidad creadora que se manifiesta en los distintos campos de la cultura, consiguiéndose obras de tal perfección y tan plenas de humanidad, que este siglo V, el siglo de Pericles, es también el del gran clasicismo griego. Los antiguos ideales helénicos de armonía, de mesura y de equilibrio dominan en las grandes creaciones de este siglo, centradas alrededor de la figura del hombre, sus sentimientos y su destino.

Las obras acogen tan intensamente la proyección personal de su creador, que resulta fácil descubrir, a la vuelta de siglos, esa dimensión espiritual y comprender los ideales que los animaban. Interesante es recordar que este clasicismo es patrimonio del genio griego, y así se encuentran importantes testimonios del mismo en distintas ciudades del mundo griego. En Atenas su culminación fue producto de la cooperación de un conjunto de artistas y pensadores atraídos a la ciudad por su prestigio después de las Guerras Médicas.

La grandeza de Atenas no podía sino despertar grandes resentimientos en otras ciudades que veían en ella un peligro para sus intereses comerciales o su estabilidad política. La oposición a Atenas, desde hacía tiempo, encontraba en la tradicional y militarizada Esparta a su líder natural; así aconteció efectivamente en las sucesivas campañas que comprometieron prácticamente a todo el mundo griego, a partir del 431, y que, prolongándose por veintisiete años, dieron al traste con la grandeza de Atenas: son las llamadas Guerras del Peloponeso, que tuvieron en Tucídides a su genial historiador.

El contraste entre el tipo de vida ateniense y el tipo de vida espartano queda magistralmente expuesto en un epitafio, discurso en honor a los muertos, que pronunció Pericles al fin del primer año de la guerra, y que Tucídides recoge y recrea en su obra.

La convicción tan fundada en la grandeza de Atenas que asistía a la mayoría de sus habitantes, iba a enfrentar un primer golpe demoledor con la propagación de una espantosa peste en la ciudad atestada de fugitivos de las campañas espartanas. La muerte se enseñorea, desarticula el orden de la ciudad, destruye convenciones sociales, desata las pasiones y arrincona a la razón.

Más grave aún es la odiosidad que se establece en la mayoría de las ciudades griegas entre partidarios de uno y otro bando, y que estalla en guerras civiles que debilitan a las ciudades y ponen de manifiesto la crueldad que pueden hacer presa del hombre enceguecido por la política.

En ese ambiente —desaparecido ya Pericles— Atenas se lanza desembozadamente a una política de fuerza, ajena a todo tratado, a toda ética y a todo respeto a los dioses, tal como se lee en Tucídides a propósito de la conquista de la isla de Melos y de la triste suerte de sus habitantes.

Agotada y desprestigiada, Atenas sucumbe ante la liga espartana y tiene que aceptar el gobierno impuesto por el vencedor. El período de esplendor había sido breve y la cuidad ya no volvería a recuperarse al nivel que conoció con Pericles, pero lo que se había conseguido en esos años y en los mismos de la Guerra, que habían obligado a repensar a muchos hombres acerca del sentido de la vida, quedará registrado entre los grandes logros de la Humanidad y alumbrará muchos otros momentos de la historia de Occidente.

Imagen 8: Vista de la Acrópolis de Atenas

Referencias

Buono-Core, R. *El Mediterráneo y la diplomacia en la antigua Grecia*, Ediciones Universitarias de Valparaíso, 2012.

Bowra, C. M. *La Atenas de Pericles*, Alianza, 2003.

Cartledge, P. *Los Griegos*, Crítica, Barcelona, 2001.

Mossé. C. *La mujer en la Grecia Clásica*, Nerea, Hondarribia, 2001.

Rodríguez Adrados, F. *La democracia ateniense*, Alianza Universidad, 1975.

Tucídides. *El discurso fúnebre de Pericles*. Edición bilingüe de Antonio Arbea, Tácitas, Santiago de Chile, 2008.

Tucídides. *Por la razón o la fuerza*. Introducción, traducción y notas de Roberto Torreti, Tácitas, Santiago de Chile, 2017.

Vidal, G. *Retratos de la antigüedad griega*, Editorial Universitaria, Santiago de Chile, 2007.

Alejandro y la expansión del Helenismo

El siglo IV a.C. ve los sucesivos intentos de los partidos por imponer un orden en las respectivas ciudades, y de alguna de éstas por imponerlo al resto del mundo griego; esta situación no podía sino producir un natural desgaste, del cual pocos medían su peligro o, previéndolo, encontraban su remedio.

Mientras las ciudades se agotaban en estos conflictos de hegemonía, en el norte, en la todavía rústica Macedonia —reino de agrestes montañas donde bailaban las ménades y los nobles cazaban fieras salvajes—, zona de contacto entre el mundo de los bárbaros y el griego, que, desde las ciudades de la costa, ejercía su influencia civilizadora sobre el interior, hasta la misma capital del reino, Pella. Allí un monarca especialmente bien dotado, Filipo II (359-336), fue capaz de organizar un poderoso ejército y, con él intervenir en las disputas de las póleis, obteniendo siempre la parte del león. En Atenas, un orador famoso y patriota ferviente, Demóstenes, denunció reiteradamente ante la Asamblea la política expansionista y ambiciosa del rey; pero todo fue en vano: Filipo, en victoriosas campañas, sometió a la Tesalia, a la Tracia, e impuso su hegemonía sobre la Grecia Central, después de derrotar a la liga tebana, en Queronea 338, donde también fue vencida Atenas.

Una nueva época se abría para la historia de Grecia, al ser obligada, por una potencia foránea, a superar las querellas intestinas y las rivalidades entre ciudades, que no habían hecho sino desgastarla. La unión, no realizada por los griegos, era impuesta ahora por el rey macedonio, etapa previa e indispensable para la gran tarea que le reservaba el porvenir: la expansión de la cultura helénica por Oriente. Sólo muy pocos hombres —como siempre— estaban en condiciones de ver y prever el curso de los acontecimientos: uno de ellos fue Isócrates, que pocos años antes, siendo ya anciano, había señalado la necesidad de dar forma a los ideales panhelénicos, patrimonio de todos los griegos, y de aportarlos al mundo; para esto, recomendaba a Filipo unir bajo su hegemonía a todas las póleis y luego conquistar el Asia. Isócrates, uno de los grandes maestros del siglo IV, estaba convencido de la superioridad del genio griego y de su vocación educativa, a tal punto que afirma que se es griego por la educación más que por el origen. El momento estaba, pues, maduro para una nueva gran expansión del helenismo. Pero no sería Filipo quien pudiese realizar el ambicioso proyecto en su totalidad; asesinado, dejó el puesto a su joven hijo, Alejandro, a quien correspondería hacerlo realidad.

Alejandro encarnará, en el siglo IV, el ideal del héroe griego y su figura ganará la posteridad bajo esta estampa. Su padre mucho le había adelantado para la grandiosa empresa; su madre, Olimpia, le había insuflado un espíritu místico y arrebatado; Aristóteles, su maestro y el hombre más sabio de toda la Grecia, lo había educado en el rigor del pensamiento racional y en el ansia del conocimiento; Homero, su lectura cotidiana, le había comunicado el espíritu competitivo de los héroes y el sentido imperecedero de la gloria. Alejandro se sentía llamado, pues, a ser grande y así es como lo conoce la historia.

Alejandro supo animar a los griegos en la gran empresa de la guerra contra Persia, fomentando el viejo sentimiento de venganza que anidaba desde las Guerras Médicas en el corazón de los griegos; ofrecía con esto, un amplio campo donde destacarse y conquistar fama y fortuna. A hombres enervados en pequeñas e improductivas guerras civiles o entre póleis, a hombres, hasta ese entonces sin porvenir, Alejandro les ofrecía los tesoros del Gran Rey. Ya otros griegos antes habían peleado como mercenarios en el Imperio Persa y habían cruzado el Helesponto. En el 334, con un ejército de unos 35.000 hombres, en el cual la falange macedónica formaba un incontenible cuerpo de ataque, inicia Alejandro la liberación de las ciudades griegas de la costa del Asia Menor; conquista enseguida los grandes puertos de Siria y Palestina, con lo que deja a la flota persa sin abastecimiento, e ingresa triunfalmente a Egipto, donde es aclamado como dios por los sacerdotes y el pueblo, después de recibir la promesa del dominio universal dada por el oráculo de Amón. La fundación de Alejandría, en el delta del Nilo, inaugura la serie de ciudades que llevará el nombre del conquistador y serán otros tantos focos de irradiación de la cultura griega en Oriente.

La próxima victoria del joven héroe sobre el Gran Rey persa en Gaugamela (Mesopotamia, 331 a.C.) marca la culminación de su prestigio: Alejandro se siente dueño del Asia, que se extiende inmensa, con legendarios tesoros ante la mirada fascinada de los griegos. Alejandro actúa cada vez más como sucesor de los grandes reyes persas, rodeándose de pompa y lujo oriental, recibiendo el reconocimiento de los suyos, tanto más cuanto la ambición del conquistador parece no tener límites. La seducción del Oriente opera intensamente sobre su mente febril; se avanza hacia las satrapías más alejadas y alcanzada la Bactriana y la Sogdiana, llegando hasta el valle de Ferganá –famoso por sus caballos– ya en las estribaciones occidentales del Pamir, en pleno corazón de Asia. A duras penas puede animar a sus hombres en una nueva campaña: la conquista del norte de la India, desde donde se inicia un penoso retorno.

Grecia, Macedonia, la cuna de sus antepasados, de su maestro, la patria de la mesura y de la libertad, había quedado muy lejos en la meteórica carrera del joven conquistador, quien ahora se comporta como auténtico monarca oriental, exigiendo que hasta sus antiguos compañeros de armas se prosternen en su presencia; Alejandro sueña con unir en un gran imperio universal a razas y culturas, borrando la distinción entre griegos y bárbaros, y él mismo da el ejemplo casándose con Roxana, una princesa persa; pero la muerte lo sorprende en plena juventud, a los 33 años, en Susa, sin alcanzar a tomar decisiones para la sucesión de su inmensa herencia.

Alejandro va a ser uno de los personajes que entra a la leyenda y, así, pervivirán sus hazañas por siglos en la mente de los hombres, mucho después de desvanecerse el efecto de sus conquistas. Sin duda, su mayor aporte fue haber abierto a la cultura griega un horizonte inmenso y haber intensificado las relaciones fecundas entre Oriente y Occidente. Las ciudades por él fundadas fueron centro de una vida cosmopolita intensa, que caracterizará a los reinos sucesores de Alejandro, en los cuales lo helénico se revestirá –por así decirlo– de ropaje oriental: se trata de la época *helenística*.

Imagen 9: Alejandro Magno en la batalla de Issos, fragmento de mosaico helenístico, siglo IV a.C. Museo Nacional de Nápoles.

Referencias

Balmaceda, C. y Cruz, N. (eds.). *La ciudad antigua. Espacio público y actores sociales*, Ril Editores, Santiago, 2013.

Bosworth, A. B. *Alejandro Magno*, Madrid, Akal, 2005.

Cartledge, P. *Alejandro Magno: la búsqueda de un pasado desconocido*, Madrid, Ariel, 2012.

Lagos Aburto, L. *El Helenismo en el siglo II d.C.: la cultura griega a través de la Anábasis de Arriano de Nicomedia*, Universidad de Concepción, 2016.

Lindberg, D. C. *Los inicios de la ciencia occidental*, Paidós, Barcelona, 2002.

Mossé, C. *Alejandro Magno: el destino de un mito*, Espasa Calpe, Madrid, 2004.

Lección X

Las monarquías helenísticas

Los generales de Alejandro fueron los encargados de recoger y administrar su herencia. El mundo, momentáneamente unido, volvió a separarse en reinos que tenían cierta unidad geográfica, u homogeneidad racial, o comunidad de tradiciones; pero, por todos ellos, quedó –como patrimonio común– la presencia del helenismo como testimonio imperecedero del genio del joven conquistador.

En un primer momento, los generales actúan como representantes del hijo póstumo de Alejandro, y uno de ellos, en Macedonia, figura como regente. Sucesivos conflictos de poder, en los cuales aflora la ambición y la crueldad, los oponen entre sí, los distancian y terminan por identificarlos con los intereses particulares de sus respectivos territorios. A partir del 305, los *diádocos* (sucesores) pasan a proclamarse, unos tras otros, reyes.

Estos reinos sucesores del Imperio de Alejandro tienden a consolidarse en territorios que se identificaban con una tradición monárquica desde antaño: Egipto, Macedonia, satrapías del antiguo imperio persa que se fractura entre una zona occidental y otra oriental, separada –como por una cuña– por la expansión que desde la frontera norte de Irán inician los partos.

Este pueblo indoeuropeo, de jinetes de la estepa, impone su poderío sobre todo lo que había sido la parte central del imperio persa, recoge la antiquísima tradición irania, transitoriamente opacada por Alejandro, y funda un imperio que, después de someter reinos helenísticos vecinos, termina por ser el gran contendor de Roma en esta zona: el reino de los Partos.

En el extremo oriental de los territorios conquistados por

Alejandro, se construyó el reino de la Bactriana, llamado también de los greco-escitas, que mantendrá aspectos de la cultura griega en el centro de Asia por largo tiempo. Una interesante manifestación de estas influencias la encontramos en las esculturas de Buda, en el norte de la India y en la ruta que, pasando por la cuenca del Tarim, conduce hasta China: son los llamados Budas apolíneos de la zona de Gandhara, en los cuales el tratamiento del cuerpo y del ropaje revela la presencia de maestros griegos, o su escuela.

En el Asia Menor, surgirá el reino de Pérgamo, bajo la dinastía de los Atálidas, famosos por haber defendido la región de la invasión de celtas, que, bajando por los Balcanes y saqueando todo a su paso, habían llegado hasta el Asia Menor, donde terminaron estableciéndose en tierras interiores (los gálatas). En Pérgamo se comenzó a trabajar el cuero, a medida que aumentaba la demanda material para escribir, dada la expansión de la cultura que se caracteriza el período helenístico; así, se originó el pergamino, que, hasta la incorporación del papel, iba a ser en Occidente –primero junto con el papiro– el medio más corriente para conservar lo escrito. Pérgamo fue también una hermosa ciudad, con importantes obras de arte, que son buen testimonio del gusto helenístico.

Mesopotamia y Siria Palestina fueron los territorios fundamentales del complejo reino gobernado por los descendientes del general Seleuco y, por esto, conocido como reino de los Seléucidas. Varios de ellos, que llevaron sucesivamente el nombre de Antíoco, fundaron las diversas Antioquías que hay en esas regiones, comenzando por la que fue capital del reino, y por muchos siglos, una de las ciudades más prósperas del Cercano Oriente. Esta Antioquía debió su opulencia, tal como muchas otras ciudades del reino, al comercio con el Lejano Oriente; en efecto, las rutas que conectaban con India y con China, y por donde afluían hacia el mundo mediterráneo especias, telas preciosas, aromas, perlas y, en general, artículos de lujo, pasaban por el reino de los Seléucidas, y Antioquía era uno de sus principales emporios. Además, hay varias ciudades caravaneras que tuvieron su momento de extraordinario esplendor gracias al comercio con Oriente, Petra y Palmira, entre otras. Correspondió a Antíoco III, hacia el 200 a.C., reeditar las gloriosas campañas de Alejandro en Oriente, y, así, intensificar la influencia del helenismo en esas lejanas regiones.

La variedad de pueblos y de tradiciones que se encuentra en el reino de los Seléucidas exigen un gobierno fuerte para mantener la frágil unión. Los monarcas reforzaron su autoridad con la proclamación de su divinidad, lo que resultaba natural en el ámbito oriental, tal como lo era en Egipto. El rey es la ley viviente y gobierna a través de una profusa administración, en que la *corte*, formada por sus parientes, amigos, consejeros y funcionarios, juega un papel preponderante. La defensa está en manos de ejércitos formados en su mayoría por mercenarios. Una eficiente diplomacia ayuda a mantener el precario equilibrio entre los reinos.

Egipto cayó en manos de Lagos, fundador de la dinastía de los Lágidas, en la cual el nombre más repetido es Tolomeo; bajo algunos de éstos monarcas se conquista territorios en Asia Menor e islas en el Egeo; pero, a partir del siglo II a.C., pierden su empuje y se inicia un período de decadencia del reino, salvado sólo por la legendaria fertilidad del valle y por los monopolios del papiro, del lino y del aceite que tiene el soberano y que le dejan cuantiosas utilidades.

Manteniendo un rango de primer orden entre las grandes ciudades cosmopolitas de la época, Alejandría es un brillante centro mercantil e intelectual, donde se encontraba la biblioteca más grande e importante que conoció la Antigüedad, con miles de volúmenes –posiblemente más de 500.000 obras– entre los cuales se conservaban los autores griegos, que allí tuvieron sus primeros comentadores y sus ediciones definitivas, dando origen a la filología, y permitiendo que muchas de estas obras llegaran hasta nosotros. Un Museo albergaba completas colecciones de animales, plantas y piedras permitiendo a los estudiosos adelantar en sus respectivas ciencias. Estos ambientes fueron extraordinariamente favorables para el desarrollo del espíritu científico que había surgido siglos atrás entre los griegos; ahora hay una pléyade de sabios, entre los que destacan Euclides, con su famosa obra *Elementos de Geometría*, completo tratado de matemáticas usado hasta comienzos del siglo pasado; Eratóstenes, que calculó la circunferencia terrestre; y Arquímedes, entre otros. Llama la atención que muchos de los principios que estos sabios descubrieron, no fueron aplicados al perfeccionamiento de medios técnicos hasta muchos siglos después, con excepción de la polea compuesta, inventada por Arquímedes. Pero, junto a ciudades como Alejandría, con su ebullición cultural, los habitantes del valle del Nilo continuaron conservando sus antiquísimas tradiciones, y su peso se impone en muchas expresiones de la época: obras de arte del Egipto helenístico mantienen el sello característico de la mejor época faraónica. Igualmente, el prestigio de su religión contribuyó a renovar sentimientos místicos y a propagar cultos ancestrales, como el de Isis, incluso hasta por los territorios del occidente romano.

El reino de Macedonia, después de muchas peripecias, quedó bajo el dominio de Antígono Gonatas, nieto de uno de los generales de Alejandro, del mismo nombre; el reino se conservó bajo esta familia hasta el 168 a.C., en que luego de la derrota de Pidna, cae en manos de los romanos. Los romanos habían iniciado su intervención en los Balcanes una generación atrás, llamados por los etolios para enfrentar a los macedonios, y sin prever que pronto unos y otros serían conquistados por quienes estaban adiestrándose para ser los dueños del mundo.

El destino de estos reinos helenísticos de Occidente iba a ser –tarde o temprano– caer bajo la dominación de Roma, conquistados por las armas o por su prestigio: así, Pérgamo pasa a Roma en el 133 a.C., por decisión testamentaria de Atalo III, su último rey. Los seléucidas son atenazados entre los Partos que se expanden por toda Persia, conquistando hasta el Éufrates, y Roma, que ya presiona en todo el Cercano Oriente; el año 64 a.C., el general romano Pompeyo pondrá fin al reino, ya reducido tan sólo a la Siria. Egipto, que tuvo una última recuperación en tiempos de Cleopatra –quien, gracias a sus encantos había seducido a generales romanos famosos–, es conquistado por Octavio, quien no se deja conquistar por la reina; estamos en el año 30 a.C. y Octavio pronto será el emperador del mundo mediterráneo. El sueño de Alejandro cobra realidad en territorios de Occidente.

La historia de este período transcurre en varios planos: por una parte, están los continuos conflictos entre los reinos, de éstos con Roma, lo que significa un permanente estado de guerra con ejércitos mercenarios, ya que poco o nada comprometen a los pueblos; en efecto, la vida en los campos continúa al margen de la política de los soberanos y de la febril actividad de las ciudades cosmopolitas, las que también parecieran estar ajenas a las peripecias de las dinastías. Las tradiciones cerradas en las zonas rurales, la elaboración de una cultura cosmopolita y la implantación de un nuevo orden internacional por Roma son, pues, las tres notas predominantes de este período.

La cultura helenística, nacida del encuentro fecundo de las tradiciones griegas con las orientales, tuvo en las ciudades su expresión más genuina, en ellas se hablaba el griego, en una versión más sencilla (*koiné*, o lengua común), vínculo de extraordinaria importancia entre esos pueblos tan diferentes. A la koiné se tradujo en Alejandría el Antiguo Testamento, dando una difusión al monoteísmo hebreo que sería de gran valor para la recepción en sectores más amplios del Mundo Antiguo del mensaje de Cristo. Justamente una de las características de la época es el fervor que despiertan las religiones de misterios, que ofrecen la salvación, a hombres que han hecho de la Fortuna, una de sus diosas preferidas en consonancia con el azaroso curso de los tiempos. La astrología y las supersticiones más crasas hacen presa de las masas y también de espíritus refinados que no encuentran en alguna de las escuelas filosóficas de moda su acomodo. Estas escuelas de escépticos, epicúreos o estoicos, postulaban la posibilidad de la sabiduría como superior moral reservada a élites.

En las artes plásticas, que tienen en las prósperas ciudades tantas posibilidades de expresión, se nota una búsqueda de lo retórico, un afán por el naturalismo que llega hasta lo morboso o grotesco, una exageración dramática de los sentimientos, un aprecio por la monumental y por lo mínimo, todo esto con la mayor perfección técnica y la selección más exquisita de materiales. Ejemplos destacados de este nuevo gusto estético son el grupo del Laocoonte y la Victoria alada de Samotracia, esculpidas en talleres de la isla de Rodas, poderoso centro comercial del Mediterráneo oriental; también las numerosas afroditas, el galo moribundo, el gran altar de Pérgamo, con su poderosa gigantomaquia en su friso exterior, y la famosísima Venus de Milo. El mosaico es una técnica que pasa a tener mucha difusión en palacios y villas nobles; y uno de los más conocidos es el que recoge una escena de la batalla en que se enfrentó Alejandro con el Gran Rey, y en la cual se decidió la historia de todo este período.

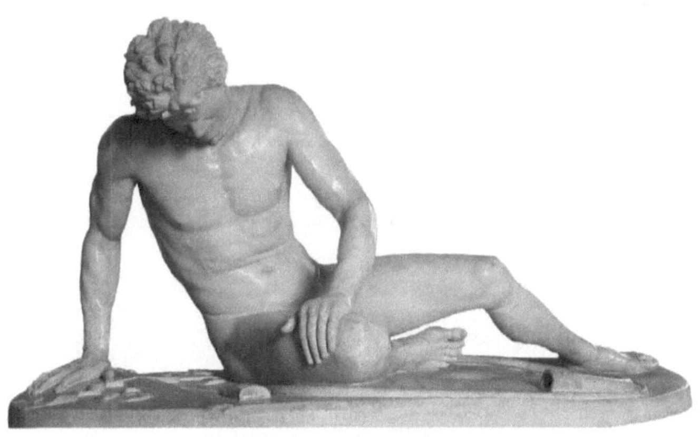

Imagen 10: Gálata moribundo, copia romana en mármol de escultura helenística de Pérgamo, Museos Capitolinos, Roma.

REFERENCIAS

Bianchi Bandinelli, R. *Del Helenismo a la Edad Media*, Akal, Madrid, 1981.

Heinen, H. *Historia del helenismo. De Alejandro a Cleopatra*, Alianza, Madrid, 2007.

Onians, J. *Arte y Pensamiento en la Época Helenística: La Visión Griega del Mundo (350 a.C.-50 a.C.)*, Alianza, Madrid, 2006.

Walbank, F. *El Mundo Helenístico*, Taurus, Madrid, 1985.

Tercera Parte

Roma y la Unificación del Mundo Mediterráneo

Lección XI

Los orígenes de Roma

Mientras las ciudades griegas avanzaban hacia la culminación del clasicismo, y posteriormente expandían su espíritu por las vastedades del Oriente, otras ramas de los indoeuropeos comenzaban a manifestar su genio peculiar y conquistar su sitio en la historia. Los celtas en sucesivas migraciones, han ido cubriendo casi toda la parte central y atlántica del continente, y los italiotas, remontando los Alpes van instalándose en distintas zonas de la península de los Apeninos.

Ocupando el valle del Tíber, en la Italia central, encontramos a los latinos, grupos familiares avecindados en una zona de colinas y pantanos en la ribera sur del Tíber, justo en el lugar donde el río podía ser vadeable, establecieron una comunidad más amplia y más poderosa que les garantizase su existencia en paz frente a los merodeadores cercanos; esa aldea todavía rústica recibió el nombre de Roma. La tradición –enriquecida con abundantes leyendas y cuya interpretación es muy importante para comprender el espíritu romano– fijaría en el año 753 a.C. la fundación de Roma; y, con ello, el principio de la historia de una ciudad llamada a convertirse en cabeza de un Imperio y madre de Europa.

La arqueología comprueba que ya en el siglo VIII a.C., en las colinas había establecimientos permanentes formados por agrupaciones de cabañas y que en el siglo VI a.C., hacía 575, se inicia el pavimento con grandes losas de la hondonada que queda al pie de las colinas; este sitio, punto de reunión obligado para la toma de decisiones en común, pasa a ser el centro de la naciente ciudad; con el tiempo, se ampliaría, conformando el Foro romano, majestuoso centro del mundo conquistado y gobernado por Roma.

Los romanos guardaron siempre un recuerdo entrañable de los orígenes rústicos de sus antepasados, y estaban convencidos de que muchas de sus virtudes procedían del temple que se gana en la vida campesina: su misma lengua –el latín– conserva en muchos términos todavía el sabor del campo y de sus faenas; así, el adjetivo *"sincero"*, en su acepción de *"puro"*, procede de *"sine cera"*, esto es, la miel pura; el verbo *"exagerar"*, literalmente significa salirse del campo *(ager)* propio e invadir terreno ajeno.

Ese mundo de esforzados labriegos, prestos a convertirse en fieros guerreros –si de defender sus bienes se trataba–, estaba organizado sobre una sólida y amplia comunidad, heredada de los tiempos indoeuropeos: la *"familia"*, que integraba a muchas más personas que la familia de tiempos posteriores; en efecto, formaban parte de la familia, además de los relacionados por lazos de sangre, los clientes, los siervos y las propiedades (los bienes). Correspondía al *"pater familias"* administrar a todo este conjunto, velando por la continuidad de la *gens* (parentela), de la mayor importancia en un mundo donde el culto a los antepasados jugaba un destacado papel en la vida cotidiana, a la vez que por su bienestar y por su prestigio, cuidando de su patrimonio.

Inmemoriales experiencias acumuladas en la conducción de las familias aportaron a los romanos los elementos fundamentales para organizar la ciudad, la *"respublica"*; la república romana es el conjunto de instituciones, lentamente elaborado por estos hombres, a medida que era necesario acrecentar e intensificar la competencia de la ciudad para enfrentar y resolver los problemas que iban surgiendo. Así la necesidad de coordinar la capacidad guerrera de las familias para aumentar su potencia militar, dio origen a una de las primeras magistraturas: el *"praetor"* o el *"dux"*, esto es, el que va adelante o el que conduce, a quien los *"patres"*, reunidos en asamblea de ancianos *(senes)*, en el *"Senado"*, conceden el mando.

A medida que las instituciones públicas se van perfeccionando, los *"pater familias"* deben ir cediendo parte de su autoridad en beneficio del nuevo orden que la república ofrece; con todo, por siglos, este grupo de los miembros de las antiguas y grandes familias, los *"patricios"*, forma una verdadera nobleza –que no quiere decir otra cosa que los que son conocidos por sus antepasados– con un extraordinario espíritu de disciplina; de devoción a la ciudad que llega hasta el sacrificio de sus mismas vidas, de austeridad, que impide que las modas extranjeras hagan presa de los ciudadanos; de piedad, en el sentido de respeto a los dioses, a las tradiciones, a los antepasados; en suma, constituyen un núcleo aristocráticamente calificado para la dirección de la república y que hará posible que Roma tenga un papel decisivo en el curso de la historia.

De entre los patricios, se elige a los distintos magistrados para las tareas de guerra y de paz; a partir de la temprana abolición de la monarquía, dos *"cónsules"* tienen a su cargo la dirección de la república, cuya gran política es elaborada en el Senado. En el consulado y en otras magistraturas –pretura, cuestura, censura, etc. – se trató de aplicar los principios de la colegialidad y de la temporalidad de las funciones. Los ciudadanos también cumplen funciones religiosas –ya que, al igual que en Grecia, no existe una clase sacerdotal aislada– tanto privadamente, en el interior de las familias, ante el altar de *"lares"* y *"penates"*, como públicamente en las frecuentes ceremonias religiosas que hay a lo largo del año.

En efecto, todas las actividades tienen alguna divinidad protectora, pero por sobre todas hay algunas especialmente veneradas por su relación con la ciudad, su gobierno, su defensa y su prosperidad; encuentra su lugar aquí la tríada que expresa la concepción cósmica indoeuropea y que para Roma está formada por *Júpiter, Marte* y *Quirinus*.

Al grupo de patricios –originalmente el *populus* (pueblo) –se agrega la muchedumbre de advenedizos, extranjeros, clientes, refugiados, que forma la *"plebe"* y que encuentra en Roma un alero para variedad de ocupaciones mercantiles e industriales. La historia política de Roma es el proceso de la paulatina adquisición de derechos por parte de la plebe hasta tratar de igualarse en el campo jurídico con el patriciado, en correspondencia a su creciente incorporación a la defensa de la república, siempre empeñada en una nueva o prolongada campaña militar.

Imagen 11: La loba (bronce etrusco) amamantando a Rómulo y Remo (figuras agregadas en el Renacimiento), Museos Capitolinos, Roma.

REFERENCIAS

Alfoldy, G., *La Historia Social de Roma*, Alianza, Madrid,1987.

Beard, M., SPQR: Una historia de la antigua Roma, Crítica, Barcelona, 2016.

Cornell, T. J., *Los Orígenes de Roma*, Crítica, Barcelona,1999.

Roldán, J. M., *Historia de Roma*, Cátedra, Madrid, 1981.

Lección XII

La República Romana y sus conquistas

En el mes consagrado al dios Marte, al iniciarse la primavera, comenzaban las campañas que, año a año, ponían a prueba la disciplina del ejército romano y la capacidad jurídica para hacer de los vencidos, aliados. La historia de Roma parece, en una primera aproximación, una historia de guerras permanentes de conquistas –expresión del temperamento de un pueblo belicoso y militarizado– y tal visión sería extremadamente injusta. En primer lugar, el romano es un hombre realista, que no idealiza las situaciones que le toca vivir, y por eso comprende, desde muy temprano, que si quiere tener paz debe estar preparado militarmente para defenderla; es lo que significa la sentencia latina: *"si vis pacem para bellum"* (si quieres la paz prepara la guerra). En muchos casos, la defensa de la paz exige tomar la iniciativa y tratar de disipar las amenazas que se forman más allá del horizonte; en estos casos, las campañas ofensivas que se forman más allá del horizonte; en estos casos, las campañas ofensivas se imponían. Pero siempre se prefería que los pueblos vencidos aceptasen la *buena fe* con que Roma ofrecía tratarlos; y que de hostiles se convirtiesen en amigos y aliados, hasta llegar a formar una unidad política con Roma. Desde las primeras conquistas en el Lacio, la República puso en práctica estos sabios principios, y pronto un oriundo de Túsculum fue elegido cónsul, abriendo con ello el acceso a las magistraturas a los ciudadanos de los pueblos anexados. La conquista suponía, pues, una efectiva romanización y, por eso, podemos decir que la expansión romana fue extraordinariamente compacta. Las antiguas ciudades transformadas en municipios, así como campamentos radicados en territorios fronterizos, y que originan *colonias*, fueron expresión de esta política de adhesión y de control y, en todo caso, de romanización.

Sucesivas etapas van entregando a Roma el dominio de la Italia central, de la Península, de las islas, del Mediterráneo occidental y oriental y de los países mediterráneos, hasta que este mar viene a ser el *"mare nostrum"*; la República había dado expresión territorial a lo que la historia conoce como el Imperio Romano. La expansión acentuó las relaciones con otros pueblos; influencias de las ciudades griegas del sur de la Península se dejan sentir sobre las que, desde los orígenes, Roma había recibido de las ciudades etruscas por el norte.

Pero su ascenso se verá duramente hostigado por invasiones de bárbaros celtas –los galos– que llegarán a tomar Roma (390 a.C.) en uno de los momentos más críticos de toda su historia; y por prologadas guerras con los samnitas, pueblos de los Apeninos, al sur de Roma. Más notoria será todavía la tarea cumplida por Roma en las regiones del norte de Italia y posteriormente en vastas zonas de Occidente –que aún vivían en niveles primitivos de cultura y, por lo tanto, sin expresión urbana– donde la conquista romana necesitaba fundar ciudades para establecer en ellas los centros de administración y que, naturalmente, se convirtieron en focos de romanización. Gracias a Roma, la ciudad llegó a ser el fenómeno más propio de la vida histórica en el mundo unificado por la *Urbe*, la ciudad por antonomasia; y esta característica se mantendría hasta las invasiones germanas que pondrán fin al Mundo Antiguo, abriendo los tiempos medievales.

La conquista de las ciudades de la Magna Griega completó la unificación de la Península y puso a Roma frente al poderío cartaginés, esencialmente marítimo y de corte oriental. Roma, hasta ahora fuerte en sus legiones, que le conferían un predominio militar terrestre, debe hacerse a la mar, organizar una flota y avanzar en estrategia marítima. El horizonte aumenta sorprendentemente y, desde entonces, la península ibérica pasará a ser parte importante del mundo romano tal como el sur de las Galias.

Pero las nuevas campañas militares exigen fuerzas con las que no cuenta la República, ni siquiera ampliando sus ejércitos con la incorporación de plebeyos; hay que recurrir a los mercenarios, ya conocidos en las monarquías helenísticas. Esta medida altera profundamente el sentido de las operaciones tal como era concebidas por un ejército de ciudadanos.

Roma está aproximándose en su expansión a un límite peligroso para la estabilidad de sus instituciones, para la vigencia de sus tradiciones, para la eficacia de su administración; en suma, las conquistas han puesto en crisis al sistema. Vencedora de Cartago, después de prolongadas campañas en que los enemigos púnicos, comandados por Aníbal, llevaron sus ejércitos, bordeando el Mediterráneo Occidental y superando los Alpes, hasta el corazón mismo de la República, Roma tiene que modificar profundamente su constitución para enfrentar las nuevas condiciones de vida que la victoria ofrece; en primer lugar, afluyen a Italia productos de las distintas provincias, bien de mejor calidad, bien más baratos, que crean graves problemas a las industrias de la Península; todavía más peligrosa es la competencia que enfrenta el campesino latino de parte de las grandes propiedades (latifundio), ganadas por la conquista y trabajadas con abundante mano de obra esclava, igualmente producto de las victorias. La crisis toma forma en los conflictos agrarios que crispan la política del siglo II a.C., al igual que en las guerras con los antiguos aliados italianos (*socii*), que ya no ven en Roma a la ciudad que los lleva a la victoria, sino a la ciudad que los esquilma.

La vieja aristocracia romana, disminuida, va perdiendo la conducción del proceso; "hombres nuevos", audaces y ambiciosos, escalan los más altos cargos en la República y la ponen al servicio de sus intereses egoístas o de grupo. El noble ideal de la paz se posterga indefinidamente por la necesidad de hacer guerras para mantener los ejércitos que dan el poder a sus generales: el *caudillismo* se impone y la guerra civil se apodera de la República.

En tanto, las conquistas continúan; ahora son los territorios que baña el Mediterráneo oriental los que van cayendo bajo el dominio de Roma, que se encamina a ser señora del mundo, ya sea por las armas, ya sea por los tratados o por el prestigio de la República, como es el caso del reino de Pérgamo, legado en herencia a Roma. Testimonio del prestigio romano, lo tenemos también en las obras del griego Polibio, hecho cautivo y trasladado a Roma, donde, gracias a su inteligencia y cultura, consiguió alternar con figuras prominentes de la República. Polibio captó –el primero– que Roma estaba haciendo posible, gracias a sus conquistas, la historia universal, ya que las distintas historias locales de reinos y ciudades ahora pasaban a incorporarse a una gran unidad cuyo sentido estaba dado por Roma, cuidad que le parece como la que mejor ha sabido combinar las formas tradicionales de gobierno para conseguir el equilibrio político. Lamentablemente cuando Polibio escribe, los males que corroían a Roma ya habían avanzado demasiado. Las conquistas orientales acarrearon un nuevo peligro a los muchos ya presentes, que, además, se ven agravados: se trata de la infiltración en la sociedad romana de religiones, costumbres y modas orientales tan en contraposición con el espíritu romano, ya debilitado.

Se debe, pues, visualizar la historia de Roma a partir de las guerras púnicas, como un proceso que transcurre en dos planos: uno, el de la expansión, con un signo triunfal, que va perfilando lo que se entenderá como el Imperio en su dimensión territorial; y otro, el de las transformaciones que van afectando cada vez de manera más grave a la sociedad romana, como consecuencia al gran caos del siglo I, en que, como dice Horacio, Roma se hunde, no por efecto de los enemigos, por fieros que éstos sean, sino como consecuencia de las luchas fratricidas que la desgarran.

La angustiosa y desesperada situación que vive el mundo romano, y en especial Roma, a fines del siglo I a.C., parece conducir a la República a su disolución; es entonces cuando un hombre providencial será capaz de recuperarla, inaugurando una nueva y brillante etapa en la historia de Roma: se trata de Augusto y el Imperio.

Imagen 12: Guardia Pretoriana, relieve del Arco de Claudio,
siglo I d.C., Museo del Louvre, París.

REFERENCIAS

Barrow, R. H. *Los romanos*, FCE, México D.F., 2014.

Buono-Core, R. *Roma republicana: estrategias, expansión y dominio*, Ediciones Universitarias de Valparaíso, 2002.

Canfora, L. *Julio César, un Dictador Democrático*, Ariel, 2000.

Everitt, A. *Cicerón*, Edhasa, Barcelona, 2009.

Mackay, Ch. S. *El Declive de la República Romana. De la Oligarquía al Imperio*, Ariel, 2011.

Grimal, P. *La Civilización Romana*, Editorial Juventud, Barcelona, 1965.

Suárez Piñeiro, A. M. *Roma antigua. Historia de un imperio global*, Akal, 2019.

Lección XIII

Augusto y el Imperio

Angustia, pesimismo, desánimo, son las notas características de los tiempos inmediatamente anteriores a Augusto; con todo, en muchos espíritus alentaba la esperanza en la venida de un salvador que diese definitivamente paz a los hombres. Los tiempos estaban, pues, maduros para las medidas que sería conveniente tomar a fin de dar paz al mundo; efectivamente, Augusto pudo clausurar el templo de Jano bifronte, que únicamente se cerraba cuando la República vivía en paz; y, en la ya larga historia romana –de más de siete siglos– sólo en dos momentos había podido cumplirse con este rito.

Augusto mantiene las instituciones de la República, pero él asume su dirección en calidad de *princeps*, esto es, de primer ciudadano, no sujeto a la competencia de un colega ni limitado en su ejercicio por espacio ni por tiempo alguno; la renovación de las magistraturas que recibió, lo consagró como gobernante vitalicio. De hecho, su autoridad fue eminente e indiscutida; todos los ejércitos le juraron solemnemente obediencia, poniendo fin al caudillismo. Como general único y victorioso, pudo ser emperador (*imperator*) permanente (30 a.C.-14 d.C.). Estas innovaciones a la antigua constitución de la República fueron suficiente para prolongarle su existencia y eficacia por cinco siglos más.

Augusto fue el nombre que asumió este hombre excepcional –ejemplo notable del realismo y ponderación romana– que se llamaba Octavio; con Augusto quiso significar que su actuación recibió el *augurio* indispensable para inaugurar la nueva etapa promisoria que abría a la historia de Roma. Roma podía encargarse de cumplir ahora la misión que los dioses le tenían reservada, y que Virgilio canta así:

> *Romano, éstas serán para ti las artes:*
> *dictar leyes de paz a las naciones,*
> *perdonar al vencido y domar con la*
> *guerra a los soberbios.*
>
> (Eneida, VI, 852-854)

Roma pasa a ser el centro de un mundo en paz. Un pequeño monumento en el Foro señala el punto a partir de donde se miden todas las distancias entre los distintos territorios conquistados y Roma: es la piedra miliar, centro de referencia de las millas (miles de pasos) que se anotan en las piedras colocadas con este fin en las rutas que recorren las provincias. Una red caminera que integra a todos los territorios, y va convergiendo hacia Roma –centro radiante– garantiza a través de sus *vías*, el orden, la administración, la paz y sus beneficios. Las muchas ciudades fundadas por Roma en las distintas partes del mundo conquistado, son otros tantos centros locales que reproducen y amplifican su tarea civilizadora. Lentamente, la presencia de Roma va convirtiendo a los vencidos en convencidos, dado los beneficios sin cuento que la conquista significa. Así va configurándose un mundo, especialmente en las provincias occidentales, en el cual el aporte romano –lengua, administración, justicia, estilo de vida, arte, urbanística– será decisivo para hacer de él parte integrante de la civilización occidental. Roma lleva su vida a las provincias, y de ellas obtendrá, en muchos momentos, el refuerzo material o espiritual que le permitirá seguir viviendo. De Hispania vendrá un Séneca, el filósofo más representativo del espíritu romano; un Trajano, ejemplo de emperador adusto y eficiente; un Teodosio el Grande, último emperador que mantiene unido el Imperio, ya en pleno período de las invasiones germánicas.

La tarea civilizadora Roma se cumple aún más allá de los

límites del Imperio, influyendo sobre los pueblos vecinos, hasta donde llegan los comerciantes. En África, el *limes* enfrenta al desierto con sus tribus nómades. En Europa, el límite lo forman el Rin y el Danubio; y aunque intentan algunas campañas, a veces victoriosas, estos ríos tienden a ser el límite definitivo de la expansión romana y a constituirse más bien en frontera defensiva; también la Isla Grande –Britania– en parte fue conquistada y gobernada por Roma.

En Oriente, el Imperio integra al Asia Menor y, desde allí, el *limes* sigue una línea que va por la Alta Mesopotamia y luego bordeando el desierto, hasta el Mar Rojo. En esta frontera, los árabes del desierto o de ricos oasis caravaneros –como Palmira– o los aguerridos Partos que gobiernan en Persia, o todavía más sus sucesores, los Sasánidas –que desde comienzos del siglo III d.C., han organizado un verdadero imperio oriental– son enemigos peligrosos que mantienen a raya las pretensiones romanas de expansión. En estas provincias orientales del Imperio, la acción de Roma no reviste la misma importancia que en Occidente: las antiguas civilizaciones orientales o la misma Grecia bien podían, aunque derrotadas, imponer su prestigio cultural sobre Roma. Será justamente en esta zona limítrofe con el mundo oriental donde emergerá una nueva visión artística llamada a imponerse por siglos sobre los principios de la estética clásica; esta nueva concepción impone en las artes plásticas la simetría y el frontalismo, que caracterizarán al arte cristiano medieval.

En Occidente, las provincias más importantes están en Hispania y en las Galias. Los celtas que habitan estos territorios, recibieron influencias por la penetración de mercaderes fenicios y griegos –que remontan los cursos fluviales– y haciendo gala de su vivo genio en que predomina una audaz capacidad para la abstracción y fantasía, han producido algunas obras maestras, especialmente en la orfebrería, donde destaca el juego de curvas y espirales.

Las campañas victoriosas de Julio César extendieron el territorio romano hasta Bélgica y permitieron que esas provincias galas recibieran también la civilización que Roma representaba; el surgimiento de centros urbanos, cuyos edificios se inspiraban en los monumentos romanos, así templos, termas, teatros, arcos de triunfo, acueductos, palacios, dan hasta hoy día testimonio de la tarea cumplida por Roma al hacer pasar de la prehistoria a la Historia a tantos pueblos de Europa. La preocupación por garantizar la paz se constituye en una verdadera obsesión para el Imperio rodeado de bárbaros; pero conservar la paz requiere de grandes esfuerzos y de ingentes recursos que permitan mantener un poderoso ejército frente al mundo bárbaro en ebullición.

El historiador romano Tácito –a fines del siglo I d. C. – ya ve claramente el problema que aflige al Imperio, al afirmar que no hay paz sin ejércitos, ni ejércitos sin sueldos, ni sueldos sin tributos. La tributación, en consecuencia, pasa a ser la tarea más importante del gobierno, para lo cual requiere de una profusa administración. El desarrollo de una burocracia con espíritu fiscalizador –más que de servicio público– es una de las características más penosas del Imperio en los últimos siglos. Las influencias que recibe, además, del mundo persa, tienden a transformarlo en una típica monarquía oriental, en que el emperador se aísla en el sagrado palacio, rodeado de un enorme número de cortesanos, aduladores y ociosos –los más de ellos– y en que los ciudadanos terminan por convertirse en verdaderos súbditos de un monarca que pretende ser un dios, tal como se había acostumbrado en las monarquías helenísticas.

Las medidas que debe tomar el Imperio para enfrentar a los bárbaros son cada día más drásticas, en medio de un creciente desaliento ciudadano que ve cómo todos sus sacrificios cotidianos no sirven para nada, ya que la defensa del Imperio se torna más débil y el enemigo irrumpe cada vez con más facilidad.

El Imperio deviene una inmensa mole que sigue manteniéndose, en gran parte, por inercia, pero que acusa inequívocos síntomas de decadencia. En primer lugar, el agotamiento de su clase directora: las construcciones monumentales que habían caracterizado el esplendor de la Roma imperial –siglos atrás– comienzan a deteriorarse y no surgen nuevos mecenas que aporten su fortuna al embellecimiento de las ciudades; por el contrario, muchos de los ciudadanos pudientes abandonan la ciudad, que ya no constituye el centro vivo de historia y de cultura –como había sido por siglos en el mundo mediterráneo– y se trasladan a sus villas campestres. El rechazo a la carrera de las armas por parte de los ciudadanos obliga a ingresar a grupos de bárbaros a los ejércitos imperiales, lo que no hace sino agravar el peligro inminente.

El agobio tributario agudiza la crisis económica que siempre amenazaba al Imperio y la inflación aparece como tremendo flagelo, que ni siquiera puede combatirse con medidas como la fijación de precios que dicta Diocleciano.

El prestigio avasallador del Oriente culmina en el siglo III d.C. al llegar al trono imperial los descendientes de un sacerdote del dios solar de Emesa en Siria; la religión oficial romana retrocede ante una verdadera invasión de cultos orientales. La crisis espiritual recorre todos los niveles de la sociedad y de la organización imperial, debilitando hasta las instituciones más venerables, como era el Senado, que pierde prácticamente toda su autoridad. Por otra parte, los emperadores a menudo eran proclamados por las legiones acampadas en las fronteras, formada ya mayoritariamente por bárbaros, apenas romanizados, que lo único que querían era tener un emperador que les aumentase su soldada. Muchos de estos emperadores se suceden rápidamente, o se combaten entre sí, lo que aumenta el caos, del cual va emerger a fines del siglo un hombre con gran sentido de la administración y que pretende poner fin a todo el desorden imperante: es Diocleciano (284–305), quien idea un sistema de gobierno y de sucesión al trono que se denomina tetrarquía; de hecho, había cuatro emperadores, dos Augustos y dos Césares, que gobernarían por un plazo fijo, tras el cual los Césares pasaban a Augustos y adoptaban nuevos Césares. El sistema funcionó sólo con Diocleciano, quien, llegado el momento, abdicó y se retiró a la vida privada (muere en el 313).

Los tetrarcas se combatieron entre sí, hasta que Constantino quedó con la plenitud del poder (314). En tanto, se había mostrado favorable a los cristianos y el 313 había publicado el Edicto de Milán, que permitía a la religión cristiana su ejercicio público. Constantino decidió darle una nueva capital al Imperio y fundó una nueva Roma que llevará su nombre y que, por siglos será el centro del Imperio Bizantino, sucesor del romano en Oriente: Constantinopla.

Pero, a lo largo del siglo IV, la situación se agravó aún más por la presión ya incontenible de los bárbaros en las fronteras del Imperio. A partir del 376 d.C., los godos –franqueado el Danubio– se apoderaban de los Balcanes; con ello, se inicia una serie de invasiones del territorio imperial, que permitirán el asentamiento definitivo de pueblos bárbaros en las provincias occidentales del Imperio. Justamente un siglo después (476) el Imperio desaparecerá en Occidente, pero su misión civilizadora estaba cumplida: a los bárbaros, paulatinamente romanizados, corresponderá dar el siguiente paso hacia la formación de Europa.

Imagen 13: Gema Augustea en ónice, 23 x 29 cm.
Kunsthistorisches Museum, Viena.

REFERENCIAS

Bancalari, A. *Orbe Romano e Imperio Global. La Romanización desde Augusto hasta Caracalla*, Editorial Universitaria, 2007.

Bravo, G. *Historia de la Roma antigua*, Alianza, Madrid, 1998.

Bringmann, K. *Augusto*, Herder, Barcelona, 2008.

Fraschetti, A. *Augusto*, Alianza, Madrid, 2000.

Lane Fox, R. *El Mundo Clásico. La Epopeya de Grecia y de Roma*, Crítica, Barcelona, 2007.

Syme, R. *La Revolución Romana*, Crítica, Barcelona, 2010.

Lección XIV

Jesús y la formación de la Iglesia

El Cristianismo es una religión histórica, porque nace en un tiempo y un espacio determinado: el Imperio romano en la plenitud de la paz que Augusto había devuelto al mundo mediterráneo. Además, contamos con la posibilidad de conocer en detalle muchos de los acontecimientos de la vida de Jesús y de su época, gracias a los Evangelios y a otros documentos de ese tiempo.

El nacimiento de Jesús, en Belén de Judá –en el año con el cual iniciamos nuestra era–, pasó inadvertido para la gran mayoría de sus contemporáneos. Por su padre adoptivo, José, descendía legalmente del rey David y también por María su madre. La concepción de Jesús es uno de los tantos misterios de su vida, que los cristianos veneramos como la Encarnación del Hijo de Dios en las entrañas virginales de María. Jesús, el Mesías prometido a Abraham y anunciado por los Profetas, es Dios y Hombre a la vez; éste es un dogma de la fe cristiana: en la persona de Jesús hay dos naturalezas, la divina y la humana.

Hasta aproximadamente los treinta años Jesús vivió con sus padres en Nazareth, en la Galilea, al norte de Palestina, y sólo entonces inició su vida pública, predicando la Buena Nueva –esto significa literalmente *evangelio*– por las ciudades y campos de Palestina.

Como verdadero Maestro enseñó en estilo sencillo, para ser comprendido por las humildes personas que primero lo siguieron; se valía a menudo de las *parábolas*, esto es, pequeñas historias de las cuales se deduce por comparación una enseñanza de profundo contenido moral o doctrinal y de valor permanente. A la vuelta de veinte siglos, su palabra sigue siendo para millones de cristianos en todo el mundo una palabra de vida perdurable.

El núcleo central de su mensaje, lo sintetizó Él mismo al responder a un doctor de la Ley que le preguntó: *"Maestro, ¿cuál es el mayor mandamiento de la Ley?"*, afirmando: *"Amarás al Señor tu Dios con todo tu corazón, con toda tu alma y con todo tu espíritu. Este es el mayor y primer mandamiento. El segundo le es semejante: Amarás a tu prójimo como a ti mismo"* (Mateo, XXII, 36-39).

Las enseñanzas de Jesús están recogidas en los cuatro Evangelios, que se deben a Mateo, a Marcos, a Lucas y a Juan, a quienes se les llama Evangelistas. En los Evangelios se narran también escenas de la vida del Señor y algunos de sus milagros, con los cuales manifestaba su dominio sobre la naturaleza toda. Desde entonces, el milagro operado en nombre de Cristo será una prueba sobrenatural de la asistencia de Dios a sus fieles.

La predicación de Jesús, llamado el Cristo –el ungido–, provocó malestar entre los sacerdotes que veían desacreditadas su palabra y entre muchos judíos nacionalistas que querían un mesías belicoso que hiciese pronto realidad un reino terrenal. Jesús, en cambio, anunciaba en Reino de los Cielos, para los justos y limpios de corazón; es decir, llamaba a una conversión interior, único camino para liberar del pecado y mejorar al hombre y a la sociedad. No puede, pues, confundírsele con un mero reformador social y menos con un revolucionario; su misión es esencialmente religiosa, es decir, espiritual y trascendente.

Jesús, reconocido por algunos como el verdadero Mesías, fue llevado por los jerarcas judíos ante el tribunal romano, presidido por Poncio Pilato, y condenado como agitador del pueblo contra el Emperador.

El sacrificio de Cristo en la cruz es otro misterio de su vida, pues constituye el precio pagado para liberar a la Humanidad de la pena del pecado: Cristo es el Redentor.

La muerte de Jesucristo fue seguida de su Resurrección –misterio central de la Fe cristiana– atestiguada por muchos de sus discípulos que lo vieron resucitado. El grupo de los doce que le estaban más unidos, y que se llaman los *apóstoles* (los enviados), asumieron la predicación del Evangelio.

De los Apóstoles, los más importantes fueron los redactores de evangelios; de ellos, Juan escribió además cartas (epístolas) y el *Apocalipsis* o libro de la revelación de las cosas postreras de la historia de la Humanidad. Pedro fue constituido por Cristo cabeza de la comunidad que Él fundó y que denominamos con la palabra de origen griego *Iglesia*. Pedro, desde Palestina pasó a Antioquía, donde por primera vez se llamó cristianos a los seguidores de Cristo; de ahí pasó a Roma, capital del Imperio. Pedro fue el primer obispo de Roma, y allí murió como mártir junto con Pablo, otro apóstol que predicó especialmente entre los gentiles, es decir, a los pueblos no judíos; Pablo, con su encendida palabra, inspirada por Dios, enseñó que la nueva religión no era sólo exclusividad del pueblo de Israel sino una fe universal (*católica*) que hermanaba a todos los hombres, en un común origen como hijos de Dios. *"Pues todos los que habéis sido bautizados en Cristo, estáis vestidos de Cristo. No hay ya judío ni griego, no hay esclavo ni libre, no hay varón ni mujer; porque todos vosotros sois uno solo en Cristo Jesús"* (Epístola a los Gálatas, III, 27-28).

La vida de la naciente comunidad se conoce, además, por el libro denominado *"Hechos de los Apóstoles"*, que, junto con los escritos mencionados, integra el Nuevo Testamento, que unido a los libros del Antiguo Testamento forman la Biblia o Sagrada Escritura. Con el Apocalipsis de san Juan, escrito hacia fines del siglo I d. C., en la isla griega de Patmos, se clausura para los cristianos la Revelación, esto es, la palabra de Dios transmitida a través de un autor inspirado por Dios mismo.

La Revelación, a la que se agregan la tradición apostólica –que llega hasta nuestros días gracias a la consagración episcopal– y el magisterio oficial de Iglesia –expresado en las definiciones conciliares o pontificias– constituyen los fundamentos doctrinales de la Iglesia Católica, expresión actual, occidental y romana del cristianismo.

Un rasgo característico de las primeras comunidades cristianas eran la *caridad* o amor fraterno para con todos, aun con los enemigos, y la Iglesia los tuvo desde el comienzo.

Aspecto importante de la organización de la Iglesia fue también la vida sacramental que, centrada alrededor de la *eucaristía* (origen de la Misa), constituye la liturgia cristiana. Ser miembro de la Iglesia significa participar de los sacramentos y, sobre todo, estar en comunión con su obispo y a través de él con toda la Iglesia y con el Cuerpo Místico que tiene a Cristo por cabeza.

En el mosaico étnico y cultural que constituía el Imperio Romano, el culto al emperador –elevado al rango de religión oficial– propiciaba la unidad espiritual indispensable para mantener en funcionamiento las instituciones político-administrativas a lo largo y ancho del mundo romano. El politeísmo romano acogía con facilidad a las divinidades y cultos de otros pueblos y, así, se había llegado a un verdadero sincretismo religioso; pero los cristianos, tal como los judíos, no podían aceptar rendir culto a emperadores ni a dioses, sino al único Dios; esta negativa fue la causa jurídica que justificaba las persecuciones. Generalmente se intensificaron cuando el Imperio enfrentaba problemas o peligros –carestías, invasiones– como manera de distraer la atención de las inmensas y díscolas masas de los grandes centros urbanos del Imperio.

Las persecuciones que, de cuando en cuando, caen sobre los cristianos se prolongarán durante los primeros tres siglos, hasta tiempos del emperador Diocleciano. En ellas, numerosos cristianos de toda edad y condición enfrentaron el martirio; y el testimonio de los mártires (*mártir*, en griego, significa testigo) soportando por amor a Cristo los más crueles suplicios, fue un galardón más para la naciente Iglesia. Con razón se decía que "la sangre de los mártires es semilla de nuevos cristianos"; de hecho, la figura del mártir viene a superponerse en la nueva mentalidad en formación, al antiguo ideal del héroe.

En las grandes urbes del Imperio fue donde el cristianismo prendió a partir del siglo I, como resultado de la predicación de los apóstoles y sus sucesores. Se constituye en cada ciudad una comunidad (Iglesia) y uno de los fieles más prestigiado era designado obispo (*episcopos*, en griego, significa vigilante); naturalmente, los obispos de las ciudades cabeceras de las grandes circunscripciones territoriales del Imperio –la *diócesis*– adquirieron más categoría que los de ciudades menores y eran consultados de preferencia cuando había que interpretar un pasaje de la Sagrada Escritura o precisar una norma en la convivencia de los fieles. Se comprende que el obispo de Roma, tanto por ser sucesor de Pedro como por la función capital de la Urbe, tuviese una primacía que paulatinamente le fue reconocida en todo el mundo cristiano. El apelativo de Papa con que se le conoce, no era privativo de él, sino que también lo usaban otros obispos en los primeros siglos; en cuanto al de Sumo Pontífice, es una herencia romana, una de las tantas que la Iglesia recogió en su organización.

La unidad doctrinal de la Iglesia se vio afectada –desde muy temprano– por disensiones (herejías), originadas, en gran parte, por un exceso de especulación filosófica mezclada de misticismo y entroncada en la tradición helénica y oriental.

La época de los mártires, en que los cristianos tenían que reunirse clandestinamente para celebrar su culto en las catacumbas, o sufrir persecuciones hasta el extremo de ser arrojados a las fieras en los circos romanos, concluye sólo a comienzos del siglo IV d.C.: el edicto promulgado en Milán por el emperador Constantino (313), permitió la libre práctica de culto cristiano. Poco después se reúne en Nicea (Asia Menor) el primer Concilio ecuménico, el cual proclamó oficialmente el *Credo* –símbolo de la fe– frente a posiciones heréticas de ese momento (325). Para entonces, la Iglesia constituía ya una institución sólida, ampliamente difundida en el Imperio, y aun extendiéndose más allá de las fronteras; la Iglesia contaba entre sus fieles a las figuras más respetadas de su tiempo; en suma, estaba ya capacitada para desempeñar un destacado papel en los tiempos venideros: los tiempos de la formación de Europa, en Occidente, y de la consolidación del Oriente Cristiano.

Imagen 14: Cristo Buen Pastor, sarcófago siglo I, Museo Laterano, Roma.

Referencias

Daniélou, J., y Marrou, H. I. *Nueva Historia de la Iglesia*, Ediciones Cristiandad, 1982.

Jaeger, W. *Cristianismo primitivo y paideia griega*, FCE, México D.F., 2008.

Perrot, Ch. *Jesús y la Historia, Cristiandad*, Madrid, 1982.

Sordi, M. *Los Cristianos y el Imperio Romano*, Encuentro, 1992.

Stark, R. *El Auge del Cristianismo*, Editorial Andrés Bello, Santiago de Chile, 2001.

Vidal, G. *Retratos de la Antigüedad Romana y la Primera Cristiandad*, Rialp, 2007.

CUARTA PARTE

LOS FUNDAMENTOS DE LA EDAD MEDIA

Lección XV

La ruptura del Mundo Antiguo

La civilización greco-romana tuvo a los países del mar Mediterráneo por escenario preferente. Las conquistas que llevaron al helenismo hasta Persia y el nombre romano hasta Inglaterra fueron transitorias, y, con la retirada de los ejércitos, se fue perdiendo el efecto de su presencia. En el mundo mediterráneo y en los territorios anexos, la expresión característica de su acción histórica fue la ciudad: las hubo antiquísimas de la parte oriental y, mucho más recientes, de la parte occidental, donde casi todas ellas fueron testimonio de la tarea civilizadora de Roma en las provincias conquistadas. Uno de los signos más inequívocos de la decadencia del Mundo Antiguo es la disminución de la intensa vida ciudadana en la parte occidental del Imperio, que puede quedar ejemplificada en la rápida decadencia de Roma a partir del siglo V, y en el creciente prestigio de Constantinopla –la nueva Roma– capital de la parte oriental del Imperio, desde el momento mismo de su fundación (330).

Este fenómeno del agotamiento de la vida urbana en la parte occidental se agravará con las invasiones de pueblos germanos y con la inseguridad generalizada que se padece a consecuencia de ellas. Una excepción será, en los primeros siglos de la Edad Media, Ravena, sede del representante del emperador de Bizancio para Occidente; y, posteriormente, las ciudades hispanas renovadas con la conquista árabe.

En esta perspectiva, la Edad Media representa un retorno a la vida campesina, un predominio de los ambientes rurales y de sus actividades; en tanto, las antiguas ciudades se achican y languidecen. Siglos pasarán antes que surjan nuevas ciudades, o que se recuperan de su largo sopor las antiguas, preludiando transformaciones que anunciarán una nueva época para la historia de Occidente.

Teodosio el Grande estableció que, su muerte, el Imperio fuese dividido entre sus dos hijos: Arcadio en la parte Oriental, con Constantinopla por capital, y Honorio en Occidente. Esta división se hizo efectiva en el 395, y en el pensamiento de Teodosio y de sus contemporáneos, sólo debería ser gubernativa, ya que seguía subsistiendo la unidad del Imperio, por la correspondencia y la armonía que debía darse entre ambas partes. Pero, en el hecho, las fuerzas históricas que operaban en una y otra parte la hicieron cada vez más profunda y persistente.

Los siglos siguientes verán constituirse, sobre el antiguo escenario del Imperio romano, dos mundos históricos diferentes: un Imperio Oriental, de lengua griega, y que compensará los territorios perdidos por las conquistas árabes, con su expansión civilizadora entre los eslavos; y un Occidente, de lengua italiana, que crecerá mucho más allá del antiguo *limes*, entre los germanos, dando nacimiento a Europa.

La unidad del espacio mediterráneo lograda por Roma será, pues, definitivamente perdida, y ni siquiera el cristianismo podrá mantenerla, ya que sucesivas herejías, querellas y cismas contribuirán a distanciar espiritualmente a ambas partes del Imperio, confirmando una distinción que tenía tan profundas raíces en el pasado.

Este distanciamiento, iniciado después de la muerte de Teodosio, apenas detenido por obra de las campañas de Justiniano, se acelerará con la presencia de los árabes en el Mediterráneo –a partir del siglo VII– los que harán cada vez más peligrosas las comunicaciones por mar, ya bastante disminuidas. Las conexiones con los territorios más allá de la península de los Balcanes y del Adriático igualmente quedarán interrumpidas –por esta misma época– como consecuencia del avance e instalación de grupos eslavos. El Occidente cristiano queda así prácticamente aislado del Oriente cristiano, y tendrá que salir adelante contando con sus propios recursos; tarea mucho más ardua y más lenta, pero que redundará en forjarle una personalidad de contornos nítidos y con sólidos fundamentos.

La Edad Media ampliará su escenario, incorporando territorios que caían más allá de los antiguos límites imperiales: el Atlántico, el Rin y el alto y medio Danubio. El centro, el norte y el oriente de Europa se incorporarán a la historia durante estos siglos, los focos culturales más importantes en este mismo tiempo se encontrarán al norte de los Alpes. Sólo Roma, en mérito de ser sede del sucesor de san Pedro, mantendrá una importancia espiritual.

Esta incorporación de nuevos territorios a la historia irá poniendo continuamente en contacto a los representantes de las antiguas tradiciones con pueblos primitivos, todavía al margen de las grandes corrientes históricas que se habían dado en el mundo mediterráneo. La Edad Media se va gestando, pues, en contacto permanente con el mundo paleohistórico, reforzado por invasiones provenientes del Asia Central y Lejano Oriente. Corresponderá a la Iglesia Católica hacer posible, gracias a la conversión de los bárbaros, la fecunda relación entre pueblos que dará origen al mundo medieval.

Más aún, en las mismas provincias de la parte occidental del Imperio, el debilitamiento y ulterior liquidación del poder imperial, permitió el resurgimiento de tradiciones de pueblos sometidos –pero no aniquilados– como son los diferentes grupos celtas que también tendrán su parte en la formación de la civilización cristiana medieval.

La Edad Media abarca, pues, los siglos en que se gesta y culmina la nueva civilización cristiana en Occidente, surgida de entre los rastrojos de la civilización greco-romana, amorosamente recogidos y amasados por la Iglesia, y que sirvieron de alimento a los nuevos pueblos bárbaros a medida que iban convirtiéndose al cristianismo.

Fijar una fecha para señalar el inicio de la Edad Media es imposible, porque no se da un cambio brusco y repentino de las características más notorias de la Antigüedad, por otras que serán medievales. Por el contrario, hay una larga transición que lleva desde fines del siglo III –la época de Diocleciano y de Constantino– hasta mediados del siglo VI –fines de la época de Justiniano–, período que se prolonga por 250 años, y que se acostumbra llamar Bajo Imperio.

La cristianización del Imperio romano, la separación entre la parte oriental y la occidental y la instalación de los bárbaros en esta última, son los acontecimientos más notables de este período; y, en consecuencia, la publicación del Edicto de Milán en 313, el establecimiento de los visigodos en suelo romano a partir del 376, la muerte de Teodosio en Grande en el 395, o la deposición de Rómulo Augústulo –último emperador romano de la parte occidental– en el 476, pueden servir de hitos convencionales para señalar el paso de la Antigüedad a la Edad Media.

Imagen 15: Silvestre y Constantino, pintura al fresco siglo XIII, Santi Quattro Coronati, Roma.

Referencias

Brown, P. *El mundo de la Antigüedad Tardía. De Marco Aurelio a Mahoma*, Gredos, Madrid, 2012.

Cameron, A. *El Mediterráneo en la Antigüedad Tardía (395-600)*, Crítica, Barcelona, 1998.

Dawson, C. *La religión y el origen de la cultura occidental*, Encuentro, Madrid, 1995.

Herrera Cajas, H. "Res privata-Res publica-lmperivm", *Semanas de Estudios Romanos*, I, Valparaíso, 1977.

Kakarieka, J. *El fin del Mundo Antiguo. Testimonios de los contemporáneos*, Ed. Universitaria, Santiago, 1978.

Lot, F. *El fin del Mundo Antiguo y los comienzos de la Edad Media*, UTEHA, México D.F., 1956.

Marín, J. *Textos Históricos. Del Imperio Romano hasta el siglo VIII*, Ril Editores, Santiago, 2003.

Ubierna, P. *El Mundo Mediterráneo en la Antigüedad Tardía, Eudeba*, Buenos Aires, 2007.

Wickham, C. *El Legado de Roma. Una historia de Europa de 400 a 1000. Pasado Presente*, Barcelona, 2013.

Lección XVI

El Occidente en manos de los bárbaros

Desde el siglo III, el Imperio Romano pasa a la defensiva. Los límites, a pesar de las guarniciones apostadas, de muros, zanjas, empalizadas y torres de observación, fueron sobrepasados una y otra vez. La presión bárbara aumentaba y se mostraba irresistible. Con ello, se abre la época de las invasiones violentas y de las migraciones de pueblos.

Desde antes, la presencia de bárbaros en el Imperio era corriente. Infiltrados a través de las fronteras algunos, prisioneros de guerra otros, comprados como esclavos muchos, ocupados en el cultivo de los campos, presentes en muchas partes como comerciantes, y, en fin, admitidos en el ejército, habían acostumbrado a los romanos a su presencia. Su número fue en aumento y su situación en la sociedad en ascenso, especialmente a través de la milicia, que era la principal vía de incorporación y de acceso aún a las más elevadas magistraturas.

El gobierno imperial se vio obligado a admitir que pueblos enteros se establecieran en territorio romano. Se les denominó *federados* porque se concluía con ellos una alianza (*foedus*), por la cual se les aceptaba que mantuviesen su propia organización, sus jefes, sus derechos consuetudinarios, su religión; y, se les concedía vituallas o sueldos, en tanto que los bárbaros se comprometían a militar bajo órdenes romanas. El ejército imperial –ya debilitado– se ve, pues, reforzado por estos peligrosos aliados.

La presión bárbara que se ejerce sobre los territorios mediterráneos –tal como afectaba al Imperio persa y al Celeste Imperio en el Extremo Oriente– da cuenta, tanto de la atracción que suscita en el bárbaro la vida placentera y brillante del hombre de las populosas y prósperas ciudades de los imperios, como de los movimientos de pueblos que se suscitan en la estepa euroasiática y que repercuten directa o indirectamente en los viejos imperios del Mundo Antiguo. Los pueblos de las estepas son, pues, factor común en el derrumbe de las defensas imperiales y en las transformaciones de la sociedad; las invasiones imprimen así un nuevo rumbo a la historia.

La estepa euroasiática se extiende por miles de kilómetros: desde la Manchuria en la costa del Pacífico –al norte de la poderosa defensa que el Imperio chino construyó para detener a los nómades allá por el siglo III a.C. y que conoce como la Gran Muralla China– hasta la llanura que queda al norte de curso inferior del Danubio, es decir, hasta el corazón mismo de Europa.

El habitante típico de la estepa es el nómade, diestro jinete y avezado cazador, que puede convertirse en impetuoso guerrero si la necesidad lo exige. Con sus ganados, se desplaza siguiendo el curso de las aguas, instalando su campamento de tiendas de cueros, a veces ricamente adornadas con tapices y alfombras en su interior. El prestigio del nómade se expresa en sus armas y arreos primorosamente trabajados en metales nobles, con esmaltes e incrustaciones de piedras preciosas. Animales estilizados son el tema predilecto en la ornamentación de estas piezas, que se han encontrado en el norte de China, en la Siberia, en el norte del Mar Negro y en Hungría, dando testimonio de la comunidad estilística que la estepa hace posible.

Para Occidente, la secuencia de pueblos nómades de la estepa euroasiática comienza con los escitas –descritos por Heródoto, a propósito de las guerras médicas– en el siglo V a.C. Olvidados por siglos, han vuelto a ser conocidos en los tiempos presentes gracias a las ricas tumbas excavadas en el norte del Mar Negro y más al oriente en la estepa. A fines de la era antigua, son desplazados por los sármatas, quienes influirán sobre los godos, instalados a partir del siglo III d.C., en la zona que queda al norte de la desembocadura del Danubio y del Mar Negro, después de haber atravesado Europa, en la migración que los trajo desde las costas del Báltico.

Los godos –pueblo germánico– durante su permanencia en la zona danubiana, recibieron el cristianismo bajo la forma arriana, predicada por Wulfilas, obispo de origen godo, a mediados del siglo IV; después de su ingreso al territorio romano, esta conversión inicial se intensificará. Wulfilas, para hacer más efectiva su misión, tradujo las Sagradas Escrituras a la lengua gótica, creando un alfabeto adecuado a la fonética gótica.

Hacia el año 376, los godos se encontraron presionados por otro poderoso pueblo nómade procedente del Oriente; se trata de los *hunos*, que venían precedidos de toda una leyenda de ferocidad. Si bien los godos solicitaron al Emperador ser recibidos en el Imperio, para poner al Danubio por defensa, pronto la situación se complicó y los godos derrotaron al ejército romano en Adrianópolis (378), donde encontró la muerte el mismo emperador Valente. Se inician así las invasiones violentas que, a la vuelta de un siglo, habrían de liquidar el gobierno imperial en Occidente. En este mismo siglo se constituyen los reinos germano-romanos, en el territorio de la parte occidental del Imperio.

Los godos pertenecen al numeroso conjunto de los pueblos germanos que –en los siglos anteriores a nuestra era– aparecen habitando toda la Europa del norte y central; la expansión de Roma los contiene por siglos en la frontera del Rin y del Danubio; se les sabe aguerridos y temerarios, y su fama se acrecienta con el paso del tiempo y con la decadencia del ánimo conquistador de Roma.

Tácito –historiador romano– ha dejado una descripción de los germanos de fines del siglo I d.C., que, en muchos aspectos, sigue siendo válida para el conocimiento de los pueblos que tres siglos después invadirán el Imperio. Una institución característica de los germanos es el *comitatus* (la comitiva), esto es, un grupo de guerreros que militan bajo las órdenes de alguno que se distingue ya sea por su valor, sus antepasados o su riqueza. Ligados por juramentos a su jefe, combaten hasta morir por destacarse e igualarse en valor; éste les mantiene y les regala con parte del botín obtenido en algunas de sus frecuentes campañas; a su vez, el número y la calidad de los compañeros sirve para prestigiar a los jefes. Estas bandas de guerreros, poseídos del espíritu bélico y a pesar de su número reducido, cuentan con una superioridad indiscutible frente a la pesada maquinaria de los desalentados ejércitos imperiales, y son un factor decisivo en las victorias de los bárbaros.

También la estirpe o parentela, que une a vivos y muertos, es característica de estos pueblos; se da en ella un gran sentido de solidaridad, que se expresa en la defensa de cada uno de sus miembros por todos los demás. Así, cualquier delito cometido contaba con un crecido número de personas comprometidas a vengar su ofensa, generándose verdaderas guerras entre estirpes al querer darse la justicia por sí mismos. Esta situación obligó a imponer el sistema de la compensación en bienes, y posteriormente en dinero, para los distintos delitos.

De entre los pueblos germanos invasores del Imperio, tenemos a los visigodos y ostrogodos, a los vándalos, a los suevos, a los burgundas, a los francos, a los longobardos y otros.

Así como habían sido rotas las defensas del Danubio, lo fueron las del Rin; y, desde comienzos del siglo V, suevos y vándalos cruzan las Galias, penetran en la Península Ibérica, donde se instalan –dando origen según una teoría al nombre de Andalucía para la zona SE de España– pasando los vándalos posteriormente al norte de África, donde fundarán un reino que se mantendría hasta promediar el siglo VI. Los vándalos crearon una flota poderosa con la cual consiguieron importantes victorias en el Mediterráneo y llegaron a tomar Roma –en el 455– en tiempos de Genserico, su más famoso rey. Su memoria ha quedado manchada por las persecuciones que, como arrianos convencidos, descargaron sobre los católicos.

Un desplazamiento igualmente largo fue el que llevó a los

visigodos desde los Balcanes a Italia, donde, dirigidos por Alarico, pusieron sitio y conquistaron Roma (410). La Urbe –señora del mundo– tuvo que sufrir el ultraje del saqueo bárbaro y, desde entonces, ya no ofreció seguridad a los emperadores; la Corte se traslada a Ravena. Roma vivirá del prestigio de un dorado pasado y seguirá vibrando en la imaginación de los hombres a lo largo de siglos. El ocaso de la Roma imperial ve el orto de la Roma pontifical, que presidirá los siglos medievales sin discusión. Desde Italia los visigodos pasan al sur de las Galias, donde se establecen y permanecerán por un siglo; muy lejos quedarán ya las comarcas del norte del Danubio que habían sido por generaciones su patria. Un nuevo paisaje, desde hacía siglos cultivado y urbanizado, estaba llamado a conquistar a los rudos guerreros, herederos de los bárbaros de allende las fronteras imperiales. A mediados del siglo V, convertidos en señores de propiedades arrebatadas a terratenientes galo-romanos, ya están entregados a las labores agrícolas, y, entre éstas, a algunas de largo aliento y que son signo inequívoco de sedentarización, como es la plantación de viñedos.

La expansión de los francos, a lo largo del siglo V, desde la Bélgica hacia el sur, terminará por expulsar a los visigodos de las Galias y forzará su instalación definitiva en la Península Ibérica. Allí hacen de Toledo su capital, y se inicia para la Hispania un período de prosperidad, del que son testimonio algunas iglesitas construidas en piedra, bien dispuestas y con interesantes detalles arquitectónicos; estas iglesias, erigidas en lugares apartados, capearon el vendaval que fue la invasión árabe del 710, que acabó con el reino y con los monumentos en las ciudades mayores. Un tesoro escondido en las afueras de Toledo –en esas mismas trágicas circunstancias, y encontrado a comienzos del siglo XIX– muestra la calidad del trabajo de los metales y las incrustaciones de piedras preciosas, típico de los bárbaros; se trata de un conjunto de coronas votivas, que los reyes ofrecían a Dios como expresión de su fe.

Los visigodos mantuvieron largo tiempo su arrianismo,

pero el 589 se convirtieron oficialmente al catolicismo, con su rey Recaredo a la cabeza.

El nivel de la cultura en la Hispania goda se aprecia recordando, además, las obras de uno de los grandes intelectuales del comienzo de la Edad Media: san Isidoro, obispo de Sevilla († 636); fue autor de varias obras, entre ellas una historia de los suevos, vándalos y godos, y de las *Etimologías*, verdadera enciclopedia que trasmite a la Europa bárbara los rudimentos de la cultura clásica en la visión cristiana. Los visigodos también se preocuparon de legislar: durante su permanencia en las Galias, reyes como Teodorico, Eurico y Alarico, promulgaron edictos y códigos, que figuran entre las primeras expresiones legislativas de los reinos bárbaros; están redactados –por cierto– en latín, que conserva su prestigio como lengua del derecho y de la cultura literaria. Ya en España, esta actividad continúa, y la codificación del derecho visigodo, ordenada por Recesvinto y publicada el 654, es conocida como *El Libro de los Jueces*; este código mantuvo su vigencia, con ligeras modificaciones, en los siglos sucesivos y hasta los Tiempos Modernos.

Conquistada la mayor parte de la península por los ejércitos musulmanes, la España visigoda se repliega a los Pirineos, desde donde se iniciaría la secular y heroica gesta de la Reconquista. La destrucción del reino visigodo permitirá a otro pueblo germano tomar la delantera en la Europa bárbara: los francos.

Durante el siglo IV, los francos habían avanzado conquistadoramente desde el norte al sur de las Galias; correspondió a su rey Clodoveo (481-511), de la dinastía merovingia, así llamada por Meroveo, su legendario fundador –derrotar al último representante del Imperio romano en las Galias, llegar hasta el Loira, quedando vecino de los visigodos; pocos años después (507), los visigodos serían también derrotados y obligados a dejar esos territorios, instalándose en España. En tanto, Clodoveo, influido por su mujer, Clotilde, pasó a ser el primer rey bárbaro convertido a la fe católica –hacia el 500– con lo cual ganó un prestigio extraordinario para sí y los suyos ante el Pontífice romano; Francia pasó a ser la hija primogénita de la Iglesia.

Pocos años después los francos derrotan a los burgundios, instalados en el valle del Ródano; al anexar ese territorio, configuran la mayor parte de lo que será la Francia histórica; aún más, sus conquistas los llevarán, por el alto Danubio, hasta la Baviera.

La sangrienta historia de los primeros siglos de los merovingios –llena de crímenes entre parientes– ha sido contada por san Gregorio, obispo de Tours, en su *Historia de los Francos*, terminada hacia el 591. En efecto, la costumbre de los reyes de dividir el reino entre sus hijos conducía a permanentes usurpaciones, guerras y asesinatos, hasta que uno de los herederos reconstituía la unidad del reino; pero, a su vez, volvía a repartirlo entre sus hijos. En medio de este desorden, se agiganta la figura de un misionero irlandés, el monje san Columbano, quien –a fines del siglo VI– intenta la recristianización del reino de los francos; se enfrenta con los mismos reyes, fundando monasterios e imponiendo una dura disciplina.

Igualmente se destaca uno que otro rey, y, sobre todo, unos funcionarios, los *mayordomos de palacio*, llamados a hacer fortuna administrando el reino en nombre de sus ineptos reyes, y a conquistar fama defendiéndolo frente a la invasión musulmana venida desde España. El triunfo de uno de ellos, Carlos Martel, en Poitiers (732) es un hito en la historia universal: marcó el límite de la expansión máxima de las conquistas árabes en Occidente y, desde allí, el inicio de la recuperación de éste, encabezado por los francos.

Italia, después de sufrir la invasión visigoda, el ataque vándalo y la dureza de otros pueblos bárbaros, vio extinguirse en Rómulo Augústulo la serie occidental de los emperadores, el 476; durante algunos años, Odoacro, caudillo de tropas bárbaras detentará el poder, hasta que –el año 493– Teodorico, al mando del pueblo ostrogodo y en nombre del emperador de Bizancio, derrota a Odoacro y conquista Italia. Teodorico fue, en su momento, el rey bárbaro de más visión y prestigio: instauró un gobierno que devolvió la paz y prosperidad a Italia; monumentos en Ravena –ciudad capital del reino– con valiosa decoración interior de mosaicos, son testimonio de la recuperación que tiene la península en esa época. El rey supo contar con la colaboración de nobles romanos, y sólo la oposición religiosa ensombrece su gobierno. Teodorico muere el 526; pocos años después se inicia la reconquista de Italia por los ejércitos bizantinos, de acuerdo al ambicioso plan del emperador Justiniano el Grande. Una larga guerra acaba con los ostrogodos y debilita a los bizantinos, y así Italia quedará inerme a la invasión de los lombardos, pueblo expulsado e la Panonia el 567 por la irrupción de los ávaros, nómades de la estepa. Los lombardos reducen los territorios del Imperio a la zona de Ravena y ponen repetidas veces sitio a Roma, con grave peligro para el Pontífice; su conversión se demora hasta fines del siglo VII.

Un siglo después, Carlos, rey de los francos, pondría fin al reino lombardo. Recién de tiempo de los lombardos tenemos los más antiguos testimonios del uso de los estribos en Occidente; este implemento –aporte de los pueblos de las estepas e indispensable para el desarrollo de la caballería pesada– sería decisivo durante los siglos siguientes en el campo de batalla.

Estos reinos romano-germánicos acostumbraron a conquistadores y conquistados a vivir en comunidad, bajo el alero espiritual de la Iglesia, poniendo, así, los fundamentos de los reinos del Occidente Cristiano, base de los estados europeos.

En suma, las invasiones de los bárbaros, al poner fin a la civilización greco-romana, estaban aportando –al mismo tiempo– nuevas capacidades, aptitudes e ideales, que serían decisivos en los siglos venideros, los de la formación de Europa.

Imagen 16: Par de fíbulas en forma de águilas, orfebrería visigoda, siglo VI, Walters Art Gallery, Baltimore.

REFERENCIAS

Bendriss, E. *Breve historia de los merovingios. Los orígenes de la Francia Medieval*, Dilema, Madrid, 2007.

Collins, R. *La España visigoda, 409-711*, Crítica, Barcelona, 2005.

Fontaine, J. *Isidoro de Sevilla. Génesis y originalidad de la cultura hispánica en tiempos de los visigodos*, Encuentro, Madrid, 2002.

Herrera Cajas, H. "La Germania de Tácito. El problema del significado del escudo", *Tiempo y Espacio 5*, 1995, Chillán.

Herrera Cajas, H. "Las estepas euroasiáticas: un peculiar espacio histórico", *El Espacio en las Ciencias*, Ed. Universitaria, Santiago, 1982.

Herrera Cajas, H. "Los pueblos de las estepas y la formación del arte bizantino. De la tienda a la iglesia cristiana", *Byzantion Nea Hellás*, 9-10, Santiago de Chile, 1990.

Musset, L. *Las invasiones. Las oleadas germánicas*, Labor, Barcelona, 1982.

Orlandis, J. *Historia del Reino Visigodo Español*, Rialp, Madrid, 2006.

Remondon, D. *La crisis del Imperio Romano*, Labor, Barcelona, 1969.

Thompson, E. A. *Los godos en España*, Alianza, Madrid, 1979.

Wallace-Hadrill, J.M. *El Oeste Bárbaro*, Eudeba, Buenos Aires, 1966.

Lección XVII

La Iglesia en la formación de Europa

La Iglesia, durante sus primeros siglos de existencia, centró su actividad en las ciudades del Mundo Antiguo, y, así –pasado el período de las persecuciones– los obispos llegaron a ser personajes importantes en sus respectivas sedes, en algunos casos por la fuerza de las circunstancias –dada la crisis generalizada de las instituciones imperiales durante el período de las invasiones– se destacan como figuras claves de ese momento. San Ambrosio en Milán, san Agustín en Hipona –en el litoral mediterráneo de África–, son ejemplos magníficos de actividad y de prestigio bien ganado, tal como algunos Papas en Roma, comenzando por san León Magno (440-461).

Tan importante como son los reinos romano-germánicos para la formación de Europa, lo son el Papado –que da unidad espiritual a Occidente– y el monacato, que hace posible una cultura cristiana a lo ancho y largo del continente.

El prestigio del Papado fue acrecentándose en Occidente a medida que se hacía más remota la presencia imperial, reducida al ámbito oriental. A sucesivos pontífices correspondió precisar el campo de la jurisdicción eclesiástica frente a la potestad imperial; más decisivo aún fue el ejercicio del magisterio pontificio en el campo de la fe: en sínodos y concilios ecuménicos va definiendo dogmas y sentando principios de vida cristiana. Este papel tan relevante del Papado quedó recogido en la sentencia medieval: *Roma locuta, causa soluta*; esto es, Roma ha hablado, la causa está resuelta.

Desde fines del siglo III un movimiento espiritual, llamado a tener gran significado en la vida de la Iglesia y de la cultura cristiana, se inicia en el desierto de Egipto: se trata del monacato. Hombres deseosos de llevar una vida totalmente consagrada a la unión con Dios, se retiran al desierto (los ermitaños), donde se entregan a la oración y a la purificación de las pasiones. Pronto cunde la fama de su santidad, y llegan nuevos candidatos a este tipo de vida, sobre todo en momentos en que la sociedad no facilitaba la práctica de las virtudes cristianas. Se crean así comunidades de ermitaños o monjes, organizados alrededor de un monje venerable –el padre o abad–, con lo cual están dados los fundamentos de los futuros monasterios. En la vida monástica serán fundamentales los compromisos aceptados por los novicios y que son los tradicionales votos de pobreza, obediencia y castidad.

Durante el siglo siguiente aparecen los primeros monasterios en las regiones de Occidente, a menudo como instituciones episcopales. En el mundo monástico estaban vivos los ideales originarios del Cristianismo: el espíritu de misión para la conversión de los paganos y el espíritu de martirio como el testimonio el más elocuente de la fe y culminación de una vida. Ambos ideales iban a tener un campo magnífico en que aplicarse, a partir de la misión de san Patricio, quien inició la conversión de Irlanda (432).

La isla de Irlanda –poblada por celtas– era uno de los territorios de Occidente hasta donde no había llegado la conquista romana, y en donde la ciudad no existía. Las fundaciones monásticas de san Patricio vienen a ser los núcleos de una nueva organización cultural que surge en la isla, en la cual, a las antiguas tradiciones vernáculas, se incorpora la tradición cristiana en su versión latina. Pronto la Irlanda se cubrió de monasterios, en los cuales generaciones de irlandeses aprendieron, junto a una vida de piedad y de rigurosidad ascética, los rudimentos de la cultura latina; así sucedió que, en los momentos mismos en que el Imperio perdía provincia tras provincia a manos de los bárbaros, la nueva civilización que iba a emerger en la Edad Media, ganaba una de las regiones cuyo significado para la cultura cristiana sería inapreciable. En efecto, desde Irlanda los monjes pasarían a Escocia y a Inglaterra, iniciando conversiones y misiones que –a lo largo de los siglos siguientes– los llevarían hasta Islandia y, por el continente, a través del reino de los francos y de territorios paganos, hasta Suiza y Baviera, y hasta la misma Italia. Una de las figuras más brillantes de esta pléyade de infatigables misioneros fue san Columbano.

Cuando en las islas se estaban formando esta oleada misional, en Italia, un monje, Benito (480-543), echó las bases de la vida monástica para Occidente, al redactar para su monasterio de Monte Cassino una regla de vida que, aprovechando de las experiencias anteriores en Oriente, es un modelo de sensatez y prudencia. Este documento tuvo gran acogida y difusión y, así, la *Regla de San Benito* pasó a ser con los años la única en Occidente y los monjes que por ella se rigen se llama benedictinos hasta hoy. El lema de la Regla es *"ora et labora"*, esto es: oración y trabajo; la Regla entrega al monje un horario con tiempo de oración, de funciones litúrgicas, de trabajo manual, de descanso, que abarca el día y la noche, sujetándolo a un orden que la obediencia monacal hace cumplir cuidadosamente.

La vida de los monasterios –ordenada, piadosa, laboriosa– pasó a ser un poderoso ejemplo para la sociedad medieval en formación, sobre todo en esos tiempos de orden y descuido.

La formación de los novicios exigía en cada monasterio la existencia de una escuela que trasmitiera los rudimentos de la cultura latina; y, por siglos, en algunas regiones de Occidente, estas escuelas monásticas fueron las únicas que hubo; y, en consecuencia, los monjes eran las personas más cultas de esa sociedad. El cultivo de las letras y de las ciencias también se intensificó, cuando se comprendió que el conocimiento profundo de la Sagrada Escritura requería de los demás conocimientos; y que, en primer lugar, eran indispensable disponer de los textos en que esos conocimientos se conservaban. Se inició así una intensa actividad de copia de los antiguos manuscritos, y cada monasterio se preciaba de tener sus monjes copistas, quienes también embellecían los manuscritos con prolijas ornamentaciones, lo cual hizo de estos códices –en muchos casos– las obras de arte más representativas de esta época bárbara. Así aparecen las bibliotecas, en donde unos pocos códices equivalían a un tesoro, y, como tales, eran celosamente guardados. Esta actividad de los monjes, al copiar una y otra vez obras de la cultura latina clásica, permitió su conservación a lo largo de los siglos, por lo que puede acertadamente decirse que en los monasterios se salvó –de entre la confusión de las invasiones y calamidades de los tiempos– una importante parte de la producción literaria de la Antigüedad romana.

Pero también en el campo de la cultura material, la fundación de un monasterio –muchas veces en lugares desolados y aun inhóspitos– fue un aporte poderoso a la ampliación del territorio cultivable en la Europa bárbara. Esta ampliación es una tarea que dura siglos y va modificando lentamente el paisaje, en el que una construcción cada vez más amplia, más funcional, más noble va reemplazando a otra, hasta llegar a los grandes monasterios del románico o del gótico. Pequeñas aldeas aparecen en la vecindad de los monasterios y, en algunos casos, prosperarían hasta llegar a ser ciudades. En suma, el monasterio es un ejemplo de orden en la vida de piedad, de cultura y de trabajo, que actuó eficazmente sobre el Occidente en formación.

La Iglesia en Inglaterra nace gracias a la misión enviada a fines del siglo VI por el Papa Gregorio Magno, quien se había formado como monje benedictino. Los monjes anglosajones fueron los continuadores de los misioneros irlandeses en el continente durante los siglos VII y VIII; entre ellos, destaca san Bonifacio (680-755), apóstol de la Germania, quien terminó sus días martirizado por los paganos en las costas de Frisia, después de prestar grandes servicios al reino de los francos, cuya Iglesia reorganizó. La Iglesia inglesa, durante estos siglos, fue la más organizada y culta de Occidente, y monjes ingleses colaboraron eficazmente en el resurgimiento cultural del continente en tiempos de Carlomagno. Buen ejemplo de nivel alcanzado es la *Historia eclesiástica de la nación inglesa* del venerable Beda (673-735).

Destruida la unidad imperial en Occidente y arrasados sus centros culturales por las invasiones bárbaras, el Papado y los monjes –en secular, silenciosa y fecunda tarea– estaban salvando para la historia importantes aspectos de la cultura greco-latina y restableciendo, en una dimensión espiritual, la unidad de Occidente.

Imagen 17: Tetramorfos, Evangelario de Kells, fol. 27v, siglo VIII, Trinity College Library, Dublín.

Referencias

Colombás, G. M. *La Tradición Benedictina.* Ensayo Histórico, Ediciones Monte Casino, Zamora, 1989.

Herrera Cajas, H. "San Benito y el Ordo Romano", *Intus-Legere,* 2, 1999.

Jedin, H. *Manual de Historia de la Iglesia* (t. IV), Herder, Barcelona, 1980.

Lawrence, C. H. *El Monacato Medieval,* Gredos, Madrid, 1999.

Lortz, J. *Historia de la Iglesia*, Ed. Cristiandad, Madrid, 1982.

Ossandón, J.C. *San Agustín, la conversión de un intelectual*, Ediciones Universitarias de Valparaíso, 2001,

Rojas Donat, L. *Orígenes históricos del papado*, Ediciones Universidad del Bío Bío, Concepción, 2006.

Lección XVIII

El Imperio Romano de Oriente

Mientras la parte occidental del Imperio romano era presa de los invasores bárbaros, con la consiguiente instalación de pueblos conquistadores que daban origen a la formación de nuevos reinos en las provincias imperiales, la parte oriental, centrada alrededor de Constantinopla, iniciaba su milenaria historia. En efecto, a partir del gobierno de Arcadio, el hijo de Teodosio el Grande, se suceden las dinastías con emperadores de mayor o menor capacidad y dotes, con buenas o malas fortunas, hasta que el Imperio, reducido ya a la Capital, cae en manos de los turcos el año 1453. Más de mil años, pues, permanece enfrentando y superando dificultades inmensas, y sirviendo de muro de contención frente a las fuerzas venidas de Oriente. La Europa de estos siglos contó así con un poderoso antemural que la defendió de ataques aún más peligrosos que los sufridos con las sucesivas invasiones que, durante siglos, la afligieron; de esta manera, Bizancio contribuyó a dar a Occidente tiempo para su formación y madurez. Cuando el viejo Imperio acaba, Europa ha comenzado a vivir su Renacimiento.

Constantino había fundado Constantinopla sobre el emplazamiento de una antigua ciudad griega –Bizancio– y por esto se conoce también a este Imperio con el nombre de bizantino. Los bizantinos siempre se consideraron herederos de los romanos, de quienes conservan el sentido del Imperio universal y los fundamentos jurídicos de la sociedad; pero, en ellos primaron las tradiciones helénicas, a las que tenían acceso directo gracias a la lengua griega que hablaban; esto les permitió conocer a los clásicos comentarlos e imitarlos, todo lo cual supone abundantes copias de los manuscritos.

El Imperio tenía extensos límites que, por el este, lo ponían en contacto con el Imperio persa; algunas de sus más importantes provincias correspondían a pueblos con antiquísimas tradiciones culturales (egipcios, sirios, armenios), en las cuales los elementos orientales eran predominantes. Insensiblemente, influencias orientales fueron participando en la formación de la civilización bizantina, y, así como para Occidente hay que subrayar la germanización que se operó en los siglos medievales, para Bizancio hay que recordar la orientalización.

Pero por sobre estas tradiciones e influencias, es decisivo para el Imperio de Oriente –tal como para Occidente– el cristianismo. El Imperio fue esencialmente un imperio cristiano que sintió muy profundamente el compromiso de defender la fe y de expandirla, y fueron los emperadores los que, a menudo, tomaban las grandes decisiones en materia religiosa: convocar y presidir concilios, nombrar y deponer patriarcas y obispos, organizar y orientar las misiones. Todo esto en gran parte se debe a que en Bizancio la máxima autoridad eclesiástica era el patriarca, quien dependía teóricamente del pontífice romano; pero Roma –en esos siglos– estaba cada vez más lejos, las comunicaciones eran más peligrosas y el entendimiento más difícil, de manera que los patriarcas tendieron a apoyarse más y más en los emperadores y a depender de ellos; esto no impidió que hubiese algunos patriarcas enérgicos y piadosos, atentos tan sólo al cumplimiento de su ministerio, y que fueron capaces de enfrentar a los emperadores cuando la fe o las costumbres lo exigían.

Para cumplir sus tareas, el Imperio contaba con inmensos recursos provenientes de los impuestos obtenidos en provincias densamente pobladas, con intensa actividad industrial y con activo comercio, aun internacional. Estos recursos hicieron posible disponer de subsidios para comprar –en muchos casos– la paz a los enemigos, y para emprender importantes obras de bien público o que manifestasen la expresión de la grandeza y poderío del Imperio. Así, Constantinopla llegó a ser durante la Edad

Media, una ciudad populosa con imponentes construcciones, que fascinaban a los que visitaban y encendían la imaginación de sus contemporáneos.

El gobierno del emperador Justiniano (527-565), a quien la historia con razón llama el Grande, marca el primer apogeo de Bizancio. Justiniano estaba imbuido de la dignidad del cargo imperial y de su inherente responsabilidad: mantener la unidad del Imperio romano, restableciéndolo en sus antiguos límites; con este fin, luego de firmar una paz con los persas, ordenó reconquistar las provincias de Occidente de manos de los bárbaros. Prolongadas campañas, que resultaron carísimas para el tesoro imperial, terminaron con el reino vándalo en el norte de África y con el reino ostrogodo en Italia, también una parte del sur de España fue recuperada para el Imperio, y Justiniano pudo considerar otra vez el Mediterráneo como *mare nostrum*.

Manifestación de la majestad del Imperio, de su carácter universal y de su espíritu cristiano, fue la construcción de la catedral de Santa Sofía en Constantinopla: monumental iglesia consagrada a la Divina Sabiduría (*Hagia Sophia*) que ilumina al emperador en su gran tarea de regir el mundo. Santa Sofía, con su grandiosa cúpula de 33 metros de diámetro, y elevándose hasta los 55 metros de altura, fue –durante siglos– el edificio más maravilloso de la cristiandad; a su grandeza, suma su belleza, conseguida con la riquísima ornamentación de mármoles primorosamente trabajados en los capiteles de las columnas, y de los mosaicos que cubren muros y bóvedas; la impresión que despertaba en quienes entraban por primera vez era suficiente como para imaginar la Gloria Celestial. Sólo con la construcción de San Pedro en Roma, en el siglo XVI, vino a quedar en segundo plano; para esa fecha, ya había sido transformada en mezquita, recubriéndose con estuco muchas de las escenas realizadas en mosaico. Pero durante todos los siglos anteriores había servido de modelo –en mayor o menor grado– para muchos grandes templos en el mundo cristiano y en el mundo musulmán: San Marcos en

Venecia, la mezquita de Omar en Jerusalén, las catedrales rusas, y muchos otros templos de la cristiandad tienen algunas relaciones con Santa Sofía.

Muchas otras construcciones a lo largo del Imperio, con fines civiles, militares, e igualmente religiosas, se deben también a Justiniano: recordemos el monasterio de Santa Catalina, en el desierto, a los pies del monto Sinaí; o la catedral de San Vitale en la Ravena reconquistada a los ostrogodos, y que pasó a ser la capital de los territorios imperiales en Italia. San Vitale tiene planta octogonal y en uno de los lados se proyecta el ábside, en cuyos muros se enfrentan los mosaicos que representan a los emperadores: Justiniano, con el obispo, otros nobles dignatarios y su escolta, en uno; y, en el otro, la emperatriz Teodora –su mujer, consejera y puntal– con las damas de su corte; todos aparecen en los mosaicos con suntuosos ropajes, que nos permiten captar la magnificencia de las ceremonias imperiales en las que predominaba un riguroso ritual.

El nombre de Justiniano está ligado a una empresa igualmente grandiosa en el campo del derecho. Ya en los siglos anteriores se había intentado recoger en una obra unitaria el copioso patrimonio jurídico recibido de Roma. Justiniano encarga ahora a una comisión de juristas recoger y ordenar todo ese material, formando así el *Corpus Iuris Civilis*, monumento que conservó el derecho romano para las generaciones venideras; siglos más adelante, sería descubierto y utilizado en Occidente, donde por tanto tiempo se había vivido con una legislación de fuentes raíces bárbaras. La recepción del derecho romano, a partir del siglo XII, significó un duro golpe para la estructura feudal de la sociedad medieval y marcó un robustecimiento del poder regio de los monarcas del Occidente. Parte del *Corpus* fueron las leyes nuevas –*Novellae*–, muchas de ellas redactadas en griego, lo que muestra la primacía que esta lengua mantenía en el Imperio Bizantino. Otra parte del *Corpus* son las llamadas *Pandectas*, resúmenes para los estudiantes de derecho de la Universidad de Constantinopla —fundada el 425— o de la famosa escuela de Beirut.

Junto al estudio del derecho, la teología tuvo un lugar preferente, lo que explica la abundante e importante literatura teológica bizantina; también destaca el estudio de la filosofía y de las ciencias, que tan poderosa influencia ejercerían entre los árabes.

La muerte de Justiniano mostró como, en gran parte, se debió a su acción personal esta grandeza recuperada por Bizancio. Apenas muerto, los lombardos conquistaron Italia; el problema de los eslavos en los Balcanes se intensificó, al igual que el de los ávaros. La guerra con Persia se reinicia y, a comienzos del siglo VII, los persas llegaron hasta Jerusalén, de donde se llevaron como botín la Santa Cruz. Pero un emperador enérgico, Heraclio, enfrenta todos estos problemas y, en una gran maniobra, derrota a los persas y rescata la Cruz que transporta a Jerusalén: en la memoria de los bizantinos, Heraclio será el "primer cruzado". La guerra bizantino-persa contribuyó al debilitamiento de ambos contendores y abonó el terreno para las fulminantes conquistas árabes.

En el siglo VIII el Imperio pasa por una profunda crisis, provocada por la política eclesiástica de los emperadores de la dinastía isáurica, quienes eran contrarios a la veneración de las sagradas imágenes (*iconos*). Los íconos recibían, en las iglesias, lugares públicos y residencias privadas, devoción que lindaba en una verdadera idolatría, según opinión de los emperadores.

Se decretó la destrucción de los íconos; como los fieles, apoyados especialmente por los monjes, se resistieran, comenzó la persecución de los que veneraban las imágenes. Se transformaron así dos partidos irreconciliables: los *iconoclastas* y los *iconodulos*, que dividieron por generaciones a la sociedad bizantina. Al final, triunfaron los partidarios de las imágenes, lo que significó el triunfo de los monjes y, en el fondo, de la Iglesia. La unidad espiritual del Imperio se hacía indispensable para enfrentar a nuevos enemigos que se venían a sumar a los árabes, quienes habían llegado a sitiar la misma Capital.

En efecto, los eslavos habían avanzado por los Balcanes y habían servido de base poblacional a la constitución del reino búlgaro, que durante siglos amenazará al Imperio. Otras tribus de eslavos, instalados en las grandes llanuras de los ríos rusos, fueron organizados por grupos de variegos, que eran aventureros normandos provenientes de Suecia; aparecen así una serie de principados encabezados por Kiev, desde donde se inician activas relaciones económicas con el Imperio, las que a veces incitan a la conquista, así, Constantinopla tuvo que sufrir cuatro asedios de parte de los rusos. El Imperio comprendía que, para ganarse a los bárbaros y conseguir su adhesión, tenía que convertirlos al cristianismo; y la conversión requería que los misioneros pudieran predicar la Sagrada Escritura en la lengua de los eslavos: se creó especialmente para esto un alfabeto –obra de los hermanos Cirilo y Metodio, llamados los apóstoles de los eslavos– y que, con ligeras modificaciones, es el que usan actualmente rusos y búlgaros.

La conversión –cumplida a fines del siglo X, en tiempos del gran príncipe de Kiev, Vladimir– abrió Rusia a las influencias bizantinas, y la incorporó a la Cristiandad todavía no escindida por el cisma.

Bizancio había sabido enfrentar a los bárbaros con su bien organizada administración –en la cual los servicios diplomáticos eran un importante departamento–, con su ejército adiestrado y su eficiente marina, y, sobre todo, con su superioridad cultural, lo que suscitaba admiración entre los pueblos bárbaros. Un arte espléndido –recuperado después de la querella iconoclasta– daba a sus iglesias y palacios, con el brillo centelleante de sus mosaicos, una dimensión casi sobrenatural. Bibliotecas, la Universidad, sabios eruditos en la misma corte imperial –recuérdese al emperador Constantino VII Porfirogénito (913-959), quien dedicó su vida a los estudios históricos– dan nuevo lustre a la herencia de la Antigüedad clásica, y la mantienen hasta que el Occidente se encuentre en condiciones de hacerse cargo de la herencia de Grecia.

Imagen 18: Justiniano y Constantino entregan a la Virgen María con el niño, maquetas de la basílica y la ciudad, mosaico del siglo X en el nártex de la Basílica de Santa Sofía, Estambul.

REFERENCIAS

Baynes, N. *El Imperio Bizantino*, FCE, México D.F, 1985.

Bréhier, L. *El Mundo Bizantino*, 3 vols. UTEHA, México, 1956.

Castillo Didier, M. *Constantinopla, la Ciudad Reina*, Edic. U. de Chile, Santiago, 2003.

Dagron, G. *Emperador y sacerdote. Estudio sobre el "cesaropapismo" bizantino*, EUV, Granada, 2007.

Grabar, A. *La iconoclastia bizantina*, Akal, Madrid, 1998.

Herrera Cajas, H. *Las Relaciones Internacionales del Imperio Bizantino durante la época de las Grandes Invasiones* (Ed. de la U. de Chile, 1972, Santiago),

Herrera Cajas, H. "Bizancio y la formación de Rusia", *Byzantion Nea Hellás* 6, 1982, Santiago.

Herrera Cajas, H. "Los estudios superiores en Bizancio", *Byzantion Nea Hellás, 11-12*, Santiago, 1991-1992.

Herrera Cajas, H., "Aproximación al Espíritu Imperial Bizantino", *Revista de Historia Universal,* (Nº5) I, 1986, Santiago.

Herrera Cajas, H. "Simbología política del poder imperial en Bizancio: los pendientes de las coronas", *Byzantion Nea Hellás, 13-15*, 1993-1996, Santiago de Chile.

Herrera Cajas, H. *Los orígenes del arte bizantino. Ensayo sobre la formación del arte cristiano,* Ediciones Universitarias de Valparaíso, 2008.

Malleros, F. *El Imperio Bizantino 395-1204*, Edic. U. de Chile, Santiago, 1987.

Marín, J. *La Crónica de Monemvasía. Texto y contexto*, EUV, Valparaíso, 2010.

Ostrogorsky, G. *Historia del Estado Bizantino*, Akal, Madrid, 1984.

Vasiliev, A. *El Imperio Bizantino*, Gil Ed., Barcelona, 1946.

Vesely, J.M. *Cirilo y Metodio. La otra Europa*, Encuentro, Madrid, 1986.

Wilson, N. G. *Filólogos Bizantinos. Vida intelectual y educación en Bizancio*, Alianza, Madrid, 1994.

Lección XIX

El mundo árabe y la expansión musulmana

Los árabes –una rama de los semitas– se encontraban ya muy diversificados a comienzos de nuestra era, lo que en gran parte se explica por la variedad de paisajes que encierra la península arábica y aledaños. En terrenos agrícolas, o que se pueden irrigar –tal como en el Yemen o Arabia meridional– se establecen como cultivadores. Algunos oasis de cierta proporción llegan a convertirse en lugares de culto y peregrinación, y, alimentados por el comercio, tal como pasará con la ciudad santa, La Meca –en la vertiente occidental de la Arabia central– adquieren inusitada importancia. Otros oasis prosperan al servir de hitos en las rutas caravaneras, o, más aún cuando logran controlarlas; así pasó con Palmira –en la zona septentrional del desierto– que se enriqueció extraordinariamente con el comercio que, desde la Mesopotamia, apuntaba hacia las costas de Siria o viceversa. Palmira alcanzó a constituir un verdadero imperio, en tiempos de su rey Odenato y de su mujer y sucesora, Zenobia, derrotando a los ejércitos romanos y sometiendo desde el Éufrates hasta el Egipto, entre los años 260 y 272. Además, se encuentran las tribus de beduinos, esto es, de habitantes del desierto: son tribus nómades, montados en veloces caballos o en resistentes dromedarios, y de acentuado espíritu independiente. Se caracterizan por ser intrépidos cazadores y guerreros, prontos al saqueo de los campamentos enemigos, y, cuando la ocasión se presta o las duras condiciones de vida del desierto lo exigen, al saqueo –en rápidas campañas, las *razzias*– de aldeas y ciudades de los territorios agrícolas contiguos.

Entre árabes sedentarios y nómades no existe una separación absoluta; por el contrario, se da una rotación que lleva –a la vuelta de generaciones– a las tribus del desierto a asentarse en los bordes de los territorios agrícolas y a las tribus sedentarias a retornar a la vida nómade. El desierto, dura escuela de disciplina y temple, mundo que anima la imaginación poética y los apetitos insatisfechos del beduino, está, pues, siempre presente en la historia de los árabes hasta nuestros días.

Ya en el siglo III encontramos dos agrupaciones de beduinos al servicio de los dos grandes imperios – Roma y Persia– que limitaban en esa zona: una, los gasánidas, en el *limes* romano de Arabia, militando como aliados del Imperio en la defensa de esa frontera; otra los lájmidas en los territorios al poniente de la Mesopotamia, y aliados del Gran Rey persa.

En los árabes, especialmente entre los beduinos, existía un politeísmo con abundancia de fetiches y rituales, incluso sangrientos. Lugar favorecido por el peregrinaje de los beduinos era La Meca, donde se conservaba un meteorito –una piedra negra engastada en un cubo pétreo –llamado la *Kaaba*, junto a ídolos de dioses y diosas. Con el tiempo, y sobre todo en los territorios fronterizos o siguiendo las rutas caravaneras, se habían dejado sentir las influencias tanto del judaísmo como del cristianismo y particularmente de sectas heréticas cristianas, proscritas del territorio imperial.

Este es el ambiente que conoce Mahoma (Muhammad) -un mecano nacido aproximadamente el 571– en los viajes que hizo conduciendo las caravanas de su rica esposa. De los hijos habidos, sólo una, Fátima, tendría descendencia, y ya veremos la importancia que ello significó. Hacia el 610, Mahoma se retira al desierto entregado a la oración, ansioso de purificarse y de entrar en relación con Dios; allí comienzan las muchas revelaciones que tendrá a lo largo de los años siguientes, hasta su muerte en el 632. Mahoma comenzó a predicar lo que –según él– leía en un libro que Dios le ofrecía. Con estas prédicas, conservadas en la memoria de sus primeros discípulos, quienes fervorosamente las recitaban, se escribió después de la muerte de Mahoma, el *Corán*, el libro sagrado de los musulmanes; esto es, de los que practican el *Islam*, palabra que significa *"sometimiento"* a la voluntad de Dios, *Alá*. El credo musulmán es muy simple: *"No hay más Dios que Alá y Mahoma es su profeta"*. Frente al politeísmo imperante y aún frente a la doctrina cristiana de la Santísima Trinidad –un sólo Dios en tres personas–, Mahoma subraya el monoteísmo. Pronto la situación en La Meca se hizo insoportable al no ser aceptado por la rica aristocracia mecana que se veía favorecida con la devoción de los beduinos a los diversos dioses que se agrupaban en su santuario. Mahoma y un puñado de seguidores debieron salir subrepticiamente de su ciudad natal y fueron acogidos en una ciudad más al norte, que pasó a llamarse Medina, la ciudad del Profeta; esta emigración ocurre el año 622, y se conoce con el nombre de *Hégira*, pasando a constituir el año inicial de una nueva era, por la cual se establece la cronología hasta ahora en los países musulmanes.

El período en Medina fue decisivo para organizar la comunidad reunida alrededor de la persona del Profeta, la cual fue creciendo rápidamente con tribus atraídas por la profunda fe y el innegable carisma de Mahoma; numerosas tribus de beduinos le juraron adhesión y se sometieron al juicio del Profeta; con ella pudo conquistar La Meca, en una *guerra santa*, que aseguraba el Paraíso al que moría en combate (630).

Las prácticas religiosas que impuso Mahoma a los musulmanes –los llamados *pilares de la fe*– son las siguientes: en primer lugar, la profesión de fe, que ya hemos anotado; en segundo lugar, la oración, cumplida –previa ablución– cinco veces al día, con la mirada puesta hacia La Meca; esta oración tiene una solemnidad especial los viernes, día festivo en el Islam. La oración se hace en cualquier lugar, pero el lugar más apropiado es la *mezquita*. En tercer lugar, está el ayuno, prolongado durante todo el mes de Ramadán, y, rigurosamente observado en tanto haya luz diurna. También la limosna es parte de la obligación de todo musulmán devoto. Por último, al menos una vez en la vida, debe peregrinarse a La Meca; esta peregrinación tendrá un gran significado al fomentar la unidad en el mundo musulmán, permitiendo que habitantes venidos desde los puntos extremos del Imperio musulmán se conociesen y tratasen durante sus largas etapas. Algunos consideran que la "guerra santa" contra los infieles constituye igualmente una obligación religiosa.

La misión de Mahoma contribuyó a darle a los árabes un fuerte sentimiento de la superioridad de su raza y a su lengua un prestigio insospechado por ser la lengua de la revelación última de Dios a los hombres. Los musulmanes aceptaban a los judíos, cristianos y persas zoroastrianos como pueblos que había recibido parte de la revelación anteriormente, y que la conservaban en sus respectivos libros sagrados; en consecuencia, con los pueblos que practicaban alguna de esas religiones tuvieron un trato especial durante las conquistas que, de manera tan fulminante, se iniciaron a la muerte del Profeta.

La muerte de Mahoma (632) planteó una primera crisis al sucesor (*califa*) del Profeta, Abu Bakr, elegido por la comunidad de Medina; en efecto, la tendencia a la autonomía de muchas de las tribus sometidas por Mahoma debió ser enérgicamente reprimida, y así se probó la potencia de los ejércitos musulmanes y se impuso la autoridad del califa.

El estado construido por Mahoma en Medina para servir de marco a la nueva fe, mostró su solidez y adquirió mayor prestigio gracias a las conquistas de los territorios vecinos a Arabia, conquistas que se sucedieron con una rapidez vertiginosa y que, en menos de una generación conformaron un Imperio musulmán en expansión.

La razón de éxito de las campañas árabes se debió, sin duda, a la fe profunda que las animaba; pero también a las extraordinarias posibilidades que las conquistas ofrecían, al permitirles instalarse en territorios de reconocida fertilidad y con activa vida comercial. Junto a lo anterior, hay que recordar que el

Imperio Bizantino y el Imperio Persa –que deberían haber sido los diques naturales frente a la presión musulmana– acababan de salir de una larga y agotadora guerra entre sí; además, muchos de los territorios conquistados por los musulmanes, veían a los árabes como libertadores de la opresión que sufrían a manos de Constantinopla o Ctesifonte. En fin, bizantinos y persas – acostumbrados por siglos a su papel de señores– difícilmente podrían pensar que unas tribus de beduinos estuviesen en condiciones de derrotarlos, y no tomaron las medidas defensivas necesarias hasta cuando fue ya muy tarde.

Algunas batallas decisivas fueron suficientes para que las tropas árabes comandadas por jefes de grandes condiciones militares –tales como Jalid ibn al-Walid y Amr ibn al-As– se apoderaran de Siria y Palestina (Yarmuk, 636), de Mesopotamia (Qadisiya, 637) y de Egipto (642). Tanto más sorprendente iba a ser cuando estos hombres del desierto se hicieran a la mar; el año 649 desembarcan en Chipre, primer hito en el dominio del Mediterráneo, que se completó con la conquista de las otras grandes islas, como Creta, Sicilia y las Baleares. Desde entonces, el Mediterráneo, por siglos, quedará prácticamente en manos de los árabes.

A pesar de las crisis internas que se inician a partir del asesinato del tercer califa, Utman (656) –lo que sienta un nefasto precedente en la historia musulmana– la expansión continúa. El sucesor de Utman fue Alí, primo del profeta y casado con Fátima. Alí no pudo mantener la unidad y entre sus opositores el más poderoso era Muawiya, quien finalmente lo sucedió y fue el fundador de la dinastía de los Omeyas (660-750). Los partidarios de Alí fueron conocidos como *chiítas*, y continuaros prestando su ferviente adhesión a los descendientes de Alí –los *imames*— y combatiendo a los omeyas y a sus sucesores, *los abasíes*. Hasta hoy día, el Islam está dividido entre musulmanes *sunitas*, esto es, ortodoxos, y shiítas, a su vez subdivididos en un buen número de sectas (ismaelitas, qármatas, drusos).

Desde Egipto, se continua la expansión por el norte de

África, durante el resto del siglo VII, hasta llegar al Atlántico; desde Mesopotamia se conquista Irán y las provincias orientales del Imperio persa, que quedan sometidas en su totalidad a los califas. El siglo VII iba a ver el máximo empuje de las conquistas árabes, tras lo cual vendría una consolidación antes de comenzar el retroceso. El año 711, en los dos extremos del Imperio árabe se dan nuevas conquistas: el Afganistán, en Oriente, y desde él, el valle del Indo (el Sind); y, en Occidente, el reino visigodo de España (al-Andalus). Conquistada la mayor parte de la Península Ibérica, intentarán campañas más allá de los Pirineos, sobre el reino de los francos; sólo el 732 serán contenidos y derrotados por Carlos Martel en Poitiers. En Oriente, todavía continuarán avanzando hasta que –a mediados del siglo– se enfrentarán con los chinos en el Turquestán, en la batalla de Talas (757), la cual, si bien les fue favorable, puso límite a su expansión por el Asia Central.

En tanto, el Imperio Bizantino –fuerte en el Asia Menor– había visto varias veces su capital asediada por la flota musulmana, y, si pudo resistir, fue gracias al uso del *fuego griego* que sembraba la destrucción y el pánico entre los atacantes.

Los musulmanes –en general– mantuvieron la administración de los territorios conquistados en manos de los habitantes de esas mismas regiones y respetaron su fe religiosa, imponiendo tan sólo un tributo a favor de los árabes; pronto se crearon verdaderas comunidades entre conquistadores y conquistados. Este clima fue especialmente propicio para que los árabes se empaparan con las distintas expresiones culturales de los pueblos sometidos. En su contacto con los sirios, recibieron aspectos importantes de la cultura griega-bizantina: en particular de la preocupación filosófica, y así, los textos de los grandes filósofos –comenzando por Aristóteles– fueron traducidos al árabe y difundidos por todo el Imperio, llegando hasta España, desde donde serían conocidos en el lejano Occidente. Pero más fuerte que esta influencia, fue la ejercida por Persia; de hecho, la capa conquistadora árabe fue pronto reemplazada por los persas convertidos al Islam, y este proceso queda subrayado cuando –al producirse el cambio de dinastía (750) – fue abandonada la capital de los Omeyas –Damasco en Siria– por la nueva ciudad de Bagdad sobre el Tigris. Así el Islam, que originalmente había sido un movimiento espiritual y político esencialmente representado por los árabes, se abre a una dimensión universal que integra a diversos pueblos y culturas, y que durante siglos se identificará con el califato.

Para esta fecha, la civilización musulmana, fecundada por el contacto con las viejas culturas del Cercano Oriente, ha expresado magníficamente su capacidad creadora en grandes obras arquitectónicas, bellamente decoradas con mosaicos o con estucos: la Cúpula de la Roca en Jerusalén, la gran mezquita de Damasco, palacios en las zonas colindantes con el desierto –entre los cuales el de Mschatta, con muros primorosamente tallados en piedra– son los más famosos. Desde la primera expansión, los árabes se habían caracterizado por la fundación de nuevas ciudades: Basra y Kufa en Mesopotamia; El Cairo en Egipto, entre otros. Tanto éstas como las antiguas ciudades conquistadas son importantes centros comerciales y culturales que dan animación y nivel al mundo musulmán, encumbrándolo –en estos siglos– muy por sobre la situación del Oriente cristiano. El contraste va a ser más acentuado en España, donde –después de la conquista árabe– muchas ciudades son focos de pujante vida cultural, hermoseadas con maravillosos palacios e imponentes mezquitas; Toledo primero, y Córdoba a continuación, cuidad que llegó a contar con 500.000 habitantes y una biblioteca de 400.000 volúmenes.

La nueva dinastía de los Abbasíes tuvo califas excepcionalmente famosos, como Harum al-Rashid; pero pronto comenzó a experimentar los males de la grandeza: gobernar tan inmensos dominios resultaba prácticamente imposible y los sentimientos autonomistas –sobre todo en las regiones extremas del Imperio– terminaron por romper la unidad política de califato. En España, un miembro de la familia Omeya, que había escapado a la masacre general que ordenaron los Abbasíes, se proclamó independiente como *emir* (jefe); uno de sus descendientes, Abd al-Rah-mán III, cortó vínculo con el califa de Bagdad y se proclamó califa en Córdoba, el 929, iniciando el período de mayor esplendor en la historia de la España musulmana. Este califato se prolonga hasta el 1031, en que, desgastados sus príncipes, es reemplazado por una cantidad de reinos que se esfuerzan por mantenerse firme frente a la acometida cristiana.

En el norte de África igualmente surgen dinastías y reinos, de los cuales la más importante va a ser la de los Fatimíes que, trasladándose desde Túnez hasta Egipto, va a proclamar allí también un califato (969), fundando una nueva capital, El Cairo. Este califato competirá con Bagdad en lujo y ostentación, y durará hasta el 1171. Desde el norte de África, comerciantes y misioneros, especialmente shiítas, hicieron avanzar el Islam hacia el interior del continente, convirtiendo a tribus de bereberes y de negros. Esta expansión encontró en la cristiana Abisinia un obstáculo insuperable en el este y, por el poniente, alcanzó hasta Senegal. De las tribus de nuevos conversos obtuvo importantes refuerzos para defender sus conquistas en las regiones mediterráneas, como es el caso de las expediciones de almorávides y almohades que llegaron a España para luchar contra las fuerzas cristianas.

Pero, más grave para el califato de Bagdad es la situación que se produce en las provincias orientales del Imperio, donde se deja sentir pronto la presencia de elementos turcos –nómades del Asia Central– que, primero al servicio de los califas y luego como verdaderos señores, crean dinastías independientes hasta llegar a apoderarse de Bagdad y liquidar el califato abbasí (1258).

En este tiempo de agitación y confusión, con todo, vemos surgir grandes hombres que reúnen el saber de su época y adelantan el conocimiento, contribuyendo al prestigio de la civilización musulmana alrededor del año mil: el poeta Firdusi (934-1020), quien, en *El Libro de los Reyes*, canta la epopeya nacional persa desde los orígenes mitológicos hasta la derrota del último sasánida a manos de los árabes, y donde las figuras de los nobles reyes sirven de arquetipo para los caballeros musulmanes, pareciendo anticipar la de los caballeros cristianos; Ibn Sina, conocido en el Occidente latino como Avicena (980-1037), médico y filósofo, de profunda influencia entre musulmanes y cristianos; Al-Biruni (973-1050), matemático, astrónomo, geógrafo, botánico, historiador, filósofo y poeta, en suma un auténtico humanista.

A pesar de las divisiones y oposiciones políticas que desgarraron al califato, la civilización musulmana dio abundantes frutos en todos los territorios conquistados por los árabes, y se mantuvo un sentimiento de comunidad abonado por la práctica del Islam, que perdura hasta nuestros días, excepto en aquellos pocos territorios que fueron reconquistados por los cristianos, como es el caso de España.

Imagen 19: Caravana de peregrinos musulmanes, Bagdad, 1237.
Biblioteca Nacional de Francia, Ms. Arabe 5847.

Referencias

Arié, R. *La España Musulmana*, Labor, Barcelona, 1984.

Bresc, H., Guichard, P. y Mantran, R. *Europa y el Islam en la Edad Media*, Crítica, Barcelona, 2001.

Cahen, C. *El Islam. Desde los orígenes hasta el comienzo del Imperio Otomano*, Siglo XXI, México, 1998.

Gaudefroy-Demombynes, M. *Mahoma*, Akal, Madrid, 1990.

Herrera Cajas, H. "Los árabes y el Islam", *Revista Universitaria*, *32*, Santiago de Chile, 1991.

Hourani, A. *La historia de los árabes*, Ediciones B, Barcelona, 2013.

Kennedy, H. *Las grandes conquistas árabes*, Crítica, Barcelona, 2007.

Lewis, B. *El lenguaje político del Islam*, Taurus, Madrid, 1990.

Mantran, R. *La Expansión Musulmana*, Labor, Barcelona, 1982.

Melo, D. y Vidal, F. (eds.) *A 1300 años de la Conquista de al-Andalus (711-2011): Historia, cultura y legado del Islam en la Península Ibérica*, Cátedra al-Andalus|Magreb-UAI, Santiago de Chile, 2012.

Vernet, J. *La cultura hispanoárabe en oriente y occidente*, Ariel, 1978.

Watt, M. *Mahoma. Profeta y hombre de estado*, Labor, Bs. Aires, 1967.

Quinta Parte

La Expansión de la Cristiandad

Lección XX

Carlomagno y el Imperio Carolingio

La conquista de España por los árabes (711) alcanzó hasta los Pirineos, donde se refugiaron grupos de godos cristianos, que iniciaron la defensa de sus reducidos territorios y la organización del nuevo reino de Asturias, tarea que correspondió al noble godo Pelayo, quien logró la victoria de Covadonga (722), dando comienzo al largo período de la Reconquista que habría de prolongarse hasta 1492.

Por otros puntos, en cambio, los musulmanes transmontaron los Pirineos y atacaron territorios del reino de los francos; las ciudades de la Septimania, en la costa del Mediterráneo, cayeron en sus manos y desde allí emprendieron correrías hacia el norte. Para enfrentar este peligro, el poderoso mayordomo de palacio del reino franco, Carlos Martel, organizó una fuerte caballería pesada, capaz de enfrentar a los ejércitos musulmanes. En las afueras de Poitiers, en el año 732, se dio el encuentro decisivo que, gracias a la victoria franca, puso límite definitivo en Occidente al ímpetu conquistador de los árabes.

El prestigio de Carlos Martel y de los francos se impuso en un Occidente que continuaba amenazado por los bárbaros en su mismo corazón; en efecto, Roma tiene que resistir el asedio de los lombardos, empeñados en conquistar los territorios que aún permanecían en poder de los bizantinos; los muchos problemas que tiene el Imperio bizantino y la misma lejanía explican que Italia haya pasado a segundo plano dentro de la perspectiva imperial y que la defensa de Roma, de Ravena y del resto de las posesiones imperiales en Italia, haya sido débil e ineficaz.

El año 750, en la Roma amenazada por los lombardos, se

presenta ante el Pontífice una embajada enviada por el mayordomo de palacio, Pipino, hijo y sucesor de Carlos Martel.

El propósito de la embajada es plantearle al Santo Padre el problema que se da en el reino de los francos donde el rey no ejerce el poder, el que de hecho reside en manos del mayordomo de palacio, y pedirle que se pronuncie acerca de esta situación que puede generar desórdenes.

El Papa, usando de la autoridad que le era reconocida como sucesor de san Pedro y vicario de Cristo, y preocupado de conservar el orden en los pueblos cristianos, ordenó que Pipino fuese hecho rey. Así acabó la dinastía de los merovingios y comenzó la de los carolingios. Ese mismo año, de modo cruento, se reemplazaba a los Omeyas por la casa de los Abasidas en la sucesión del Profeta; el príncipe omeya Abd al-Rahmán, proclamándose emir, dio origen a los omeyas de España.

Pipino, además de las ceremonias tradicionales que marcaban el inicio de un reinado, fue ungido por el arzobispo Bonifacio, legado pontificio; de esta manera se reemplazaba el prestigio de la antigua dinastía, fundado en inmemoriales tradiciones de origen pagano, con la consagración del nuevo rey y de su familia, que hacía del nuevo linaje real una dinastía que reinaba por la gracia de Dios.

En los años siguientes, una campaña victoriosa de Pipino obligó al rey lombardo a restituir todos los territorios recientemente conquistados, no al emperador bizantino, que era su legítimo señor, sino al Papa, quien se vio así convertido en señor territorial; con este acto de Pipino, la *donación a San Pedro*, se constituyeron los estados pontificios en el centro de Italia, que perdurarían hasta la unificación italiana del siglo XIX.

Con todo, la solución definitiva del problema lombardo no correspondió a Pipino sino a su hijo y sucesor, Carlos, quien, a partir del 768, gobierna el reino de los francos. Una compaña triunfal el 774 acabó con los dos siglos de dominación de los lombardos; Carlos se coronó en Pavía, la capital del reino, y desde ese momento se tituló *Karolus rex Francorum et Longobardorum*. Aparte de la fragmentación política a que sometieron a Italia, poco a nada quedó en la península como herencia de los lombardos, cuya presencia sirve para destacar aún más la tarea civilizadora cumplida por la antigua población y acentuada por la Iglesia en estos siglos.

La campaña contra los lombardos no fue sino una de las muchas que emprendió Carlos durante los cuarenta y siete años de su reinado; el resultado de estos esfuerzos por defender las fronteras del reino o someter a pueblos que constituían una amenaza para el mismo, sofocando rebeliones e imponiendo su gobierno, significó un notable acrecentamiento del territorio gobernado por el rey franco así como su pacificación, ordenamiento y realce, hasta tal punto que acostumbra hablarse de un renacimiento carolingio. Aspecto importante de este renacimiento de la cultura clásica fue la intensificación de las actividades intelectuales con la fundación de escuelas en abadías y catedrales y en el mismo palacio real, así como la selección de un grupo de maestros, célebres por sus conocimientos. Igualmente notable fue la profusión de copias de manuscritos de los autores de la Antigüedad latina, a menudo bellamente ilustradas, con temas ornamentales que provienen de las tradiciones bárbaras, o bien de reminiscencias clásicas.

Someter a los sajones tomó más de treinta años, pero esto significó incorporar las tierras entre el Rin y el Elba, que hasta ese momento eran paganas y donde los bárbaros seguían viviendo de sus ancestrales tradiciones, al margen de los grandes acontecimientos históricos a la Europa cristiana en formación. Las medidas que hubo que tomar fueron violentas; por ejemplo, la erradicación masiva de sajones, reemplazándolos por colonos francos.

La incorporación de los sajones al reino franco fue decisiva para la conversión de Germania y allí se constituyó una *marca* con gran fuerza expansiva que, a la larga, será la base del Imperio de los Otones.

Dura también fue la campaña contra los ávaros –establecidos en la Panonia–, que, a través de la Baviera, ya dominada por los francos, permitió extender el reino hasta la Austria actual. Los ávaros, después de su derrota, desaparecen de la historia, y su lugar es ocupado por otro pueblo proveniente de las estepas, los búlgaros, que organizarán a los grupos eslavos en los Balcanes y durante siglos serán un grave problema para el Imperio bizantino en esa zona.

Contra los musulmanes dirigió además sus fuerzas Carlos, y si bien consiguió reconquistar territorios hasta el Ebro, una de las campañas terminó en un desastre de las fuerzas francas en el desfiladero de Roncesvalles en los Pirineos; paradójicamente este desastre iba a ganar más gloria que todas las otras campañas de Carlos, al ser inmortalizado en una de las más importantes creaciones poéticas de la Edad Media: la *Canción de Rolando*, gesta del héroe que perdió la vida y ganó fama legendaria allí.

En cada uno de estos territorios conquistados, Carlos organizó una *marca*, esto es, una provincia fuertemente defendida. Estas marcas pasaron a ser piezas claves en el crecido territorio, cuidadosamente regido por el rey, quien visitaba personalmente sus vastos dominios, ordenando todo con la ayuda de sus consejeros y oficiales mayores. La institución de los *missi dominici* (enviados del Rey) permitía ejercer un saludable control sobre los condes que tendían a menudo a cumplir sus tareas en beneficio personal. Uno de los enviados era siempre un obispo, porque había igual preocupación por la situación de la Iglesia y de los fieles.

A la vuelta de los años, fue indiscutible que Carlos era el rey más poderoso de Occidente y una de las figuras más importantes de la Cristiandad, tanto más cuando se sabía el estado en que se encontraba el Imperio en Bizancio, atacado en sus fronteras por búlgaros, eslavos y árabes, y destrozado internamente por la cruel lucha entre los partidarios de la veneración de las imágenes sagradas y los que exigían su destrucción. Esta prolongada querella tuvo una de sus capítulos más trágicos cuando la emperatriz

Irene, apasionada defensora de las imágenes, consiguió deponer a su hijo, a quien hizo cegar, y se proclamó "emperador" (797).

A esta triste situación se sumó, hacia fines del siglo, los penosos acontecimientos que en Roma llegaron hasta la deposición del papa León III, quien huyó y fue a ponerse bajo la protección del rey Carlos. Es comprensible que, en estas circunstancias, Alcuino, un ilustre monje inglés que había llegado a ser amigo y principal consejero del rey, afirmase que "la dignidad real… es superior a las otras dos (la pontificia y la imperial) y las eclipsa y sobrepasa en sabiduría".

A fines del año 800, Carlos se dirige a Roma, reinstala a León III, y en la misa de Navidad es coronado emperador por el Papa, mientras el pueblo exclamaba: *"A Carlos, piísimo Augusto, coronado por Dios, grande y pacífico emperador, vida y victoria"*. Con este acto, por obra del Papado, se renueva en Roma el Imperio que, desde hacía siglos, tenía su sede en Bizancio; desde entonces se aceptará, casi sin discusión, la existencia de dos imperios cristianos, uno en Oriente y otro en Occidente. La iniciativa del Papa, con la cual reforzaba su debilitada autoridad, puede haberse fundado en ideas que circulaban en la época y de las cuales tenemos testimonio en el documento llamado la *Donación de Constantino*, una falsificación fraguada precisamente por esos años. En este documento se hace aparecer al emperador Constantino el Grande abandonando Roma y Occidente y entregándolos al Papa.

Ya como rey, el prestigio de Carlos alcanzaba a todas partes. Embajadores de varios monarcas llegaban hasta su corte, especialmente en Aquisgrán, ciudad que el rey prefería a otras en su momento de reposo y que embelleció con construcciones, de las cuales aún se conserva la Capilla Palatina, levantada teniendo como modelo a San Vitale de Ravena, que para Carlos era el símbolo del poder imperial en Occidente.

Pintoresca fue la embajada que volvió después de haber entablado relaciones con el califa de Bagdad, el famoso Harún al-Rashid, –inmortalizado en las *Mil y una noches*–, quien le envió, a su pedido, un elefante.

Los territorios del Imperio de Carlos –a quien ya podemos llamar Carlomagno– comprendían la actual Francia, la mayor parte de Italia, Austria, la Alemania occidental y los Países Bajos. Sólo las Islas Británicas, los reinos cristianos de los Pirineos, Venecia y el sur de Italia quedaban fueron del Imperio.

En las Islas Británicas, el reino de Northumbria era el más poderoso y cultivado; su iglesia se gloría con el Venerable Beda, el historiador de más calidad de estos siglos, y con Alcuino; en el siglo VIII la concentración del poder se dio alrededor del reino de Mercia, gracias a los largos reinados de Ethelbaldo y de Offa, quien casó una de sus hijas con un hijo de Carlomagno.

En los últimos años del reinado de Offa ocurrió el saqueo del monasterio de Lindisfarne (793) que marca el comienzo de las correrías e invasiones vikingas. La generación siguiente vivió el fin de la supremacía de Mercia y, en medio de gran confusión, emergió con Alfredo la monarquía inglesa de la Edad Media, que debió enfrentar el establecimiento de los daneses a partir del 865.

En los Pirineos, la resistencia cristiana frente al Islam ha ido lentamente ganando terreno; el reinado de Alfonso II el Casto (791-842) ve el aumento de los territorios reconquistados y el hermoseamiento de Oviedo, la capital; todavía se conserva el aula regia de Santa María de Naranco, uno de los edificios más logrados de la arquitectura asturiana, notable por las muchas iglesias que muestran la devoción y gratitud de los reyes por sus victorias. En tiempos de Alfonso III el Magno (866-909) la reconquista alcanza la línea del Duero, se traslada la capital a León, y se apoya la repoblación de ciudades y la instalación de colonos en los campos.

La gran unificación territorial y la unidad cultural que Carlomagno impulsó, dejaron un recuerdo imborrable en la tradición europea. Su figura pasó a ser legendaria, y bien lo merecía: con él toma forma histórica, por primera vez, Europa.

Con todo, si el Imperio se mantuvo unificado después de la muerte de Carlomagno (814) fue porque lo sucedió uno solo de sus hijos, Luis el Piadoso; otros dos murieron antes que su padre, con lo cual la tendencia de la época a repartir el reino como patrimonio personal no se dio; en cambio, sí ocurrió al ser dividido entre los tres nietos de Carlomagno, quienes lucharon entre sí ya en vida de Luis.

El año 842, dos de ellos, Luis el Germánico y Carlos el Calvo, pronunciaron los famosos juramentos de Estrasburgo, en presencia de sus respectivas huestes; y para darse a entender de las huestes enfrentadas, Luis lo hizo en francés y Carlos en alemán. Este documento es el más antiguo testimonio que se posee de ambas lenguas y manifiesta la diversidad lingüística tan fuerte que ya había dentro del Imperio, como expresión de los distintos pueblos que lo formaban. Al año siguiente, por un tratado firmado en Verdun, se selló la repartición del Imperio. El nieto mayor, Lotario, conservó el título de emperador y una franja territorial que iba desde Frisia en el Mar del Norte hasta Italia; al este, Luis el Germánico tendría el reino de los francos orientales entre el Rin y el Elba y que, por primera vez, configuró lo que sería Alemania; al oeste, Carlos el Calvo quedó con el reino de los francos occidentales que correspondía a lo que sería Francia. Durante los largos reinados de Luis (†876) y de Carlos (†877), estos territorios ganarán en cohesión y acostumbrarán a sus componentes a reconocerse como participantes de un destino común, a pesar de las fuerzas disociadoras que operaban (el feudalismo) y de los enemigos externos que arreciaban (invasiones de normandos y húngaros). Con todo, lentamente, va tomando forma la Europa Occidental.

Imagen 20: Carlomagno dando indicaciones para la construcción,
vitral de la catedral de Chartres, siglo XIII.

REFERENCIAS

Barbero, A. *Carlomagno*, Ariel, Barcelona, 2001.

Boussard, J. *La civilización carolingia*, Guadarrama, Madrid, 1968.

Castelnuevo, E., y Sergi, G. *Arte e historia en la Edad Media I. Tiempo, espacio, instituciones*, Akal, Madrid, 2009.

Conant, K. J. *Arquitectura carolingia y románica, 800-1200*, Cátedra, Madrid, 2007.

De Riquer, A. *Teodulfo de Orleans y la epístola poética en la literatura carolingia*, Real Academia de Buenas Letras, Barcelona, 1994.

Halphen, L. *Carlomagno y el Imperio Carolingio*, Akal, Madrid, 1992.

McKitterick, R. (ed.) *La alta Edad Media. Europa 400-1000, Historia de Europa Oxford*, Crítica, Barcelona, 2002.

Mussot-Goulard, R. *Carlomagno*, FCE, México D.F., 2014.

Toubert, P. *Europa en su primer crecimiento: de Carlomagno al año mil*, PUV, 2006.

Ullmann, W. *Historia del pensamiento político en la Edad Media*, Ariel, Barcelona, 2009.

Lección XXI

El feudalismo

El orden que fue capaz de imponer Carlomagno durante casi medio siglo, fue una situación bastante extraordinaria en el curso de los siglos que corren a partir de Teodosio el Grande. El desorden provocado por las invasiones y la crisis del bajo Imperio no se superó; por el contrario, a menudo se acentuó en los reinos romano-germánicos que contaban con débiles instrumentos para ejercer un gobierno efectivo. Las invasiones de normandos y de húngaros que afligen a Occidente en el período que sigue a Carlomagno no hacen sino agravar la situación.

El resultado fue una inseguridad generalizada; los que pudieron le hicieron frente con los medios que tenían al alcance de su mano. Señores poderosos optaron por formar sus propios séquitos para garantizar la seguridad de sus personas y de sus bienes. Aparecen así los ejércitos privados, compuestos de hombres libres que, viviendo a expensas del señor, están dispuestos a defenderlo con las armas que el mismo señor les ha dado.

La organización militar típica de los germanos que era la *comitiva* contribuyó a configurar la nueva realidad, tanto como el antiquísimo sistema de la clientela romana; en efecto, puede decirse que el señor dispone de una clientela armada, que lo defiende, lo acompaña y lo prestigia.

También en el campo económico la inseguridad plantea graves situaciones y acarrea nuevas soluciones. Propietarios en situaciones desesperadas recurren a un señor poderoso para que los reciba con sus tierras, los ampare y les permita una vida más tranquila bajo su dependencia.

Así van perfilándose relaciones personales mucho más

efectivas y sólidas que las que podrían mantenerse con un estado casi inexistente.

Los mismos reyes bárbaros para contar con hombres leales en quienes puedan confiar las tareas de gobierno y defensa del reino tienen que buscar nuevas formas de adhesión. Los funcionarios reales –por ejemplo, los *condes*, esto es, los compañeros selectos del rey– son recompensados con el beneficio de tierras reales durante el desempeño de sus servicios, ya que la tierra es prácticamente el único bien disponible en una sociedad en que la moneda se ha hecho muy escasa. Es también de la tierra de donde hay que obtener todo lo que el hombre precisa, puesto que el comercio ha disminuido mucho como consecuencia de la misma inseguridad que se vive; a lo más hay audaces mercaderes para algunos artículos de lujo traídos de los mercados bizantinos, pero, en general, se ha retornado a una economía cerrada en que la tierra es la fuente de bienes; la misma posibilidad de levantar y equipar un ejército, aun en la reducida expresión de una hueste señorial, dependía de la tierra de que se disponía. Estas tierras, entregadas en tenencia con el compromiso –entre otros– de organizar un destacamento militar, se conocieron, andando el tiempo, con el nombre de *feudo*.

Los hombres libres que se ponían en dependencia de un señor, así como los mismos señores en su relación de dependencia como rey, fueron denominados *vasallos*. La fidelidad y el apoyo que significaba contar con el vasallo era recompensado a menudo con un *feudo*. Surgieron así los vasallos reales, grandes señores que se esforzaron por hacer hereditario en su familia los beneficios que su condición reportaba, hasta conseguir ligar el feudo a la misma, por lo menos, en línea masculina directa, lo que sucede ya en la segunda mitad del siglo IX, en consonancia con la confusión de los tiempos. Estos grandes vasallos constituían el grupo más selecto e importante en cada reino, formados por príncipes de la sangre –esto es de la familia real–, duques, marqueses y condes; a ellos correspondía concurrir con sus hombres –sus propios vasallos– al llamado del rey en caso de peligro o cuando se organizaba una campaña militar.

La conciencia de linaje, el poderío económico que está en sus manos, su vida en el ejercicio de las armas y en el servicio del rey, son los elementos fundamentales con los que se va creando la nobleza medieval, clase poderosa, a menudo difícil de gobernar, más preocupada de sus beneficios que del rey, egoísta, aguerrida, cruel a veces, pero imbuida de profundo cristianismo y de sentido del honor. A ella va a corresponder, al defender sus tierras, defender el reino y la cristiandad de los muchos peligros que los amenazaban.

Lentamente fue tomando forma toda una estructura feudal en los distintos reinos cristianos, con diferencias locales, apreciables de acuerdo a las costumbres y tradiciones, pero que, con todo, tenía rasgos comunes importantes. Un verdadero código se formuló que comprendía derechos y deberes. Así todo vasallo estaba obligado a su señor por un juramento de fidelidad prestando en una ceremonia solemne, la del *homenaje*, por la cual se constituía en hombre de su señor y se comprometía a auxiliarlo con su persona y sus fuerzas en caso de guerra y con sus bienes en caso de que hubiese que rescatarlo; igualmente se comprometía a aconsejarlo derechamente en los momentos en que el señor actuaba como justicia. En la misma ceremonia del homenaje, se entregaba al nuevo vasallo un puñado de tierra o una ramita como símbolo del feudo que recibía; denomínase este acto la *investidura*.

En esta ceremonia hay una participación de la Iglesia porque el juramento se presta sobre los Santos Evangelios o reliquias de santos y en presencia de sacerdotes; esta participación fue intensificándose cada vez más, en un intento por incorporar a la nueva sociedad en formación algunos de los valores cristianos que atenuasen la fiereza de las costumbres.

Lo adecuado del sistema feudal a las necesidades de la época queda, con todo, de manifiesto si se tiene presente que las mismas instituciones eclesiásticas fueron presa del espíritu feudal, lo que significó un grave debilitamiento de sus funciones propias.

Obispados y abadías se entregaban como feudos a los hombres sin ningún espíritu religioso y sólo después de largos y penosos conflictos, que constituyen los capítulos de la llamada *querella de las investiduras*, la Iglesia pudo liberarse de tal situación; conflicto que volvió a reproducirse en los tiempos modernos en Francia y otros reinos de Occidente, pero esta vez frente a la dependencia exclusiva de los monarcas.

El trabajo agrícola era la tarea de siervos y villanos, ligados a la tierra; con todo, su condición era muy superior a la de las masas de esclavos de la Antigüedad. Desde luego no se ponía en duda su condición de personas, y, por lo tanto, de hijos de Dios; podían formar su familia, adquirir y conservar bienes, y la Iglesia los recibía entre las filas del clero o en las órdenes monásticas, donde podían alcanzar las más elevadas dignidades. Los esclavos propiamente tal que se encuentran en los siglos medievales se compraban en tierras de infieles; entre los eslavos, por ejemplo, durante siglos, y fue justamente esta procedencia la que originó el término *esclavo* en las lenguas modernas de Europa.

La impresión general que se tiene de estos siglos es la de guerra permanente: guerra contra los paganos e infieles o guerras feudales entre señores, motivadas por rencillas particulares, a las que no era ajeno el espíritu de venganza, expresión de la fuerza del linaje en la sociedad feudal; estas guerras afligen especialmente a la Iglesia, que ve imposibilitado el culto divino, atropellados los principios evangélicos y aventados los bienes eclesiásticos. En el primer tercio del siglo XI, en momentos en que el Occidente cristiano vive los fervores producidos por el *milenio*, hay ambiente propicio para proclamar la Paz de Dios en la tierra, como reflejo de su gloria en los cielos. La Paz de Dios garantiza la tranquilidad de clérigos, de mujeres, niños y villanos, en suma, de todos los que no portan armas, y confirman el derecho de asilo en iglesias y cementerios. Pronto es ampliada por la Tregua de Dios que, a mediados del siglo, se extiende a toda la cristiandad.

La Tregua de Dios consagra de jueves a domingo para el culto divino, haciendo más posible alcanzar la salvación. En los días restantes, la guerra es lícita, tanto más cuando puede ser justa y necesaria, como, por ejemplo, cuando se trata de restaurar el derecho conculcado o de hacerla contra los infieles para extender el reino de Dios.

Paulatinamente, en algunos lugares antes que en otros y nunca del todo, fue operándose una transformación en el rudo guerrero de los primeros siglos medievales, alentada por ideales que participaban tanto de los valores cristianos como de los valores heroicos conservados en las canciones de gesta, la épica de este tiempo. Así surgió el *caballero* medieval, exponente de todo un nuevo estilo de vida, la caballería, en que predomina un elevado sentido del deber, que impone al oficio de las armas la obligación de defender las causas justas, a los desvalidos, la religión, su rey y su honor. Elemento característico de la sociedad caballeresca es la *cortesía*, término que deriva de "corte", el patio del castillo, que ahora ya no es tan sólo la inexpugnable fortaleza, mole pétrea y sombría, que alberga al señor y a sus siervos despavoridos al anuncio de una nueva invasión, sino una residencia que poco a poco va adquiriendo mayor despliegue y permite una vida más placentera. Galerías interiores que dan sobre el patio, y desde donde se muestran las damas, imponen un comportamiento un tanto más refinado y "cortés" a los caballeros que hacen sus ejercicios bélicos en el patio.

Estos ejercicios darán origen a los *torneos*, verdaderos combates simulados y reglamentados, donde los caballeros hacen gala de su destreza en el dominio de las armas, llevando el color de su dama, a la cual el vencedor ofrece su victoria.

Se van constituyendo numerosas y pequeñas cortes feudales que imitan las de los reyes, llegando con el tiempo algunas a competir con ellas, como sería la del duque de Borgoña.

La presencia de la *dama* será decisiva en esta transformación. Algunos caballeros, entre ellos nobles tan importantes como

Guillermo, duque de Aquitania, en el sur de Francia –abierto a los aires del Mediterráneo y a las influencias árabes–, comenzará a cantar con acentos líricos que muestrean sus sentimientos personales más profundos, sobre todo su pasión amorosa encendida y casta a la vez porque la dama a quien se canta también será la Virgen, *Notre Dame* (Nuestra Señora). Son los *trovadores*, esto es, los que "encuentran" (*trouver*, en francés) una nueva forma de expresión que corresponde a este nuevo sentir. Esta lírica provenzal, que muestra una faceta desconocida hasta entonces del alma de Europa, influiría poderosamente en otras regiones del continente; así, en el sur de Alemania, donde, a partir de mediados del siglo XII, surge el grupo de los *minnesinger*, igualmente señores poetas, músicos y cantores.

Imagen 21: Konrad von Altstetten, Codex Manesse, fol. 249v., inicios del s. XIV, Biblioteca de Heidelberg, Alemania.

REFERENCIAS

Bloch, M. *La Sociedad Feudal. La formación de los vínculos de dependencia*, UTEHA, México, 1956.

Boutruche, R. *Señorío y feudalismo*, Siglo XXI, México, 1995.

De Riquer, M. *Los trovadores: historia literaria y textos*, Ariel, Barcelona, 1984.

Duby, G. *Guerreros y Campesinos*, Siglo XXI, México, 1999.

Focillon, H. *El Año Mil*, Alianza, Madrid, 1988.

Ganshof, F. *El feudalismo*, Ariel, Barcelona, 1975.

Poly, J.P., y Bournazel, E. *El cambio feudal (ss. XI-XIII)*, Labor, Barcelona, 1983.

Consolidación de la Europa cristiana

Ya en tiempos de Carlomagno, algunos lugares de la costa atlántica del reino franco, supieron del terror que inspiraban las incursiones de piratas feroces venidos de las regiones septentrionales de Europa –todavía en niveles primitivos de existencia– que continuaban al margen de la cultura cristiana naciente en el mundo carolingio.

Estos hombres del norte –normandos– procedían unos de Dinamarca, otros, de Noruega, y, por el mismo tiempo, estaban atacando las costas de Inglaterra, de Escocia y de Irlanda; en fin, otros, partiendo de Suecia, iniciaban la conquista de las costas orientales del Báltico. Se trata de un poderoso movimiento de invasiones y conquistas y –a la larga– de colonizaciones efectuadas por grupos de aventureros conocidos como vikingos y variegos.

A los ataques costeros, siguieron las penetraciones por los ríos hasta los puntos extremos de navegación desde donde continuaban aún sus correrías y pillajes sin que nadie –por generaciones– pudiera oponerles resistencia. A mediados del siglo IX, algunos vikingos comienzan a establecerse en lugares de la costa, al mismo tiempo que otros grupos están contorneando la Península Ibérica y penetrando en el Mediterráneo; en tanto, grupos de variegos han remontado el curso de los grandes ríos que van a desembocar al Báltico, y fundan principados sobre poblaciones eslavas, dando origen a la Rusia histórica, generada alrededor del principado de Kiev. Desde allí, siguiendo el curso del Volga o del Dnieper, entrarán en contacto comercial –a veces beligerante– con los árabes de Persia y con los bizantinos del Imperio de Oriente. Otros, los noruegos, que poseían las mejores naves de

Europa y eran diestros y avezados marinos, arribarán a la remota Islandia; allí fundarán una república agrícola, desde donde descubrirán e intentarán la colonización de Groenlandia; y, hacia el año mil, alcanzarán las costas de Canadá, en una intrépida empresa que no tuvo futuro.

Cuando se dejaba sentir la furia vikinga en el Atlántico, se agravó también el peligro musulmán en el Mediterráneo, con la conquista de Sicilia y de puntos importantes del sur de Italia. El 846, fue Roma misma la que tuvo que sufrir el pillaje a manos de los musulmanes. Y como si fueran pocas las calamidades que afectaban a las regiones occidentales de Europa, un nuevo e igualmente feroz peligro aparece por el oriente al final del siglo IX. Los magiares o húngaros –uno de los pueblos de las estepas– llamados por los bizantinos para enfrentar a los búlgaros, se instalaron en la Panonia; desde allí iniciaron correrías anuales hacia Italia y hacia Alemania y, por el valle del Danubio, llegaron hasta la misma Francia; por más de cincuenta años, correrías casi anuales y cada vez más audaces llevaron el pavor aun a los territorios que vikingos o sarracenos (musulmanes) no habían alcanzado.

Los reinos cristianos, destrozados por luchas internas, apenas intentaban la resistencia y la situación parecía desesperada; con todo, uno que otro señor poderoso fue capaz de organizar la defensa de sus tierras, fortificándose en su castillo y animando a sus vecinos para rechazar a los bárbaros. Así fue como ganó prestigio la familia de Eudes, conde de París, que disputó por un siglo la corona a los últimos carolingios, hasta hacerse definitivamente de ella el 987, con Hugo Capeto, fundador de la dinastía de los Capetos en Francia. En tanto, en el 911, un grupo de vikingos capitaneados por Rollón fue oficialmente establecido en la Normandía, entregada como feudo, origen del importante ducado de Normandía.

Frente a los magiares, la defensa fue encabezada por los duques de Sajonia, en el norte de Alemania; uno de ellos, Otón, siendo rey, consiguió derrotarlos el 955 en la batalla de Lechfeld, cerca de Ausburgo. Desde ese año, los bárbaros se reducen a su territorio en la Panonia, donde fundan el reino de Hungría. El triunfo de Otón sobre húngaros y eslavos, y su hábil política, lo destacó en las tierras de Alemania y creó el ambiente propicio para su coronación imperial el 962, oficiada por el papa Juan XII; la casa de Sajonia heredaba así el imperio de Carlomagno. El peor momento de este verdadero asedio a que había sido sometida la naciente Europa, estaba superado; vendría ahora el tiempo de la reconstrucción, y, en él, tanto el Imperio como el Pontificado serán clave, aun cuando a veces su enfrentamiento en la tarea de deslindar poderes será dramático.

En medio del desorden de las invasiones, a comienzos del siglo X, un acontecimiento que había pasado desapercibido estaba llamado a tener una enorme importancia en el nuevo ordenamiento de Europa: la fundación en el año 910 del monasterio de Cluny, en la Borgoña, al sur de Francia. La peculiaridad de este monasterio fue que no quedó sometido a la investidura laica ni a la jurisdicción episcopal; es decir, no era feudo de ningún señor, sino dependía directamente del Papa, lo que le permitió revitalizar los ideales monásticos, gracias a la dirección de santos y enérgicos abades, e iniciar una reforma interna de la Iglesia. Pronto Cluny fue al centro de una vasta red de monasterios –más de dos mil– que formaron una verdadera congregación repartida por toda Europa occidental, y de gran influencia en la sociedad de la época.

A mediados del siglo XI, se nota claramente que la misma sede pontificia promueve una reforma eclesiástica, destinada a acabar con los grandes males que hacían menos efectiva la obra de la Iglesia, y entre los cuales estaba la simonía o compra de los cargos eclesiásticos y el concubinato del clero. Este espíritu de reforma alcanzará su máxima influencia cuando Hildebrando, monje de Cluny, sea elegido Papa, tomando el nombre de Gregorio VII (1073-1085). Gregorio VII estaba profundamente convencido que su autoridad de derecho divino lo colocaba en la cúspide de la Cristiandad, entendida también como organización política, de tal manera que toda potestad debía estarle sometida. Su contendor más encarnizado fue el emperador de Alemania, Enrique IV, a quien excomulgó y obligó a hacer penitencia, pero quien, a la larga, consiguió derrotarlo. Gregorio VII murió en el destierro, pero su obra sería continuada por otros pontífices en los siglos siguientes, prolongando la querella de las investiduras entre el Pontificado, el Imperio y los reinos, en el afán de obtener la total independencia de la Iglesia frente al Estado, para alcanzar un poder universal.

Apenas diez años después de la muerte de Gregorio VII, Urbano II mostró ante toda la Europa cristiana que el Papa era efectivamente el guía indiscutido de la Cristiandad, al proclamar la Cruzada contra el Islam.

Para esta fecha, en Europa se dan y se superan grandes temores que suscita la proximidad del milenio. Parte de los temores eran provocados por las noticias de los desastres que sufrían las fuerzas cristianas al sur de los Pirineos a manos de los musulmanes. En efecto, el siglo X es el siglo de la gloria del califato de Córdoba, proclamado el 929 por el emir Ab dar-Rahman III. Córdoba es, en esta época, una de las grandes ciudades del mundo y, sin duda, la más populosa, hermosa y culta de Occidente.

Los príncipes cristianos del reino asturleonés o de Navarra, del condado de Barcelona o de Castilla, a menudo caían en cruentas luchas fratricidas o en tratos con los moros, por lo cual la defensa resultaba difícil o aun estéril. Se vivía en un estado de guerra permanente, con pequeñas victorias y soportables derrotas. Los últimos treinta años del siglo están llenos de la fama del general árabe Almanzor (el victorioso), quien se encumbró hasta los más elevados cargos en el Califato. Sus numerosas campañas quebraron la resistencia cristiana, y pareció que nuevamente España sería unificada por el Islam. Las ciudades más importantes van cayendo en manos de Almanzor: Barcelona el 985, León el 988 y, el 997 Santiago de Compostela es arrasada. La gloria de

Almanzor y del Islam llega a su culminación, pero el 1002 muere Almanzor y se inicia la decadencia del califato, que se extinguirá el 1031; se reinicia la reconquista cristiana que abarca el resto del siglo XI.

El año mil encuentra a la cabeza del Sacro Imperio Romano Germánico a un joven adolescente, Otón III, quien junta en su sangre la herencia imperial de Occidente y de Oriente, porque su madre era una princesa bizantina. Otón tiene grandes sueños imperiales; piensa en una *Respublica Christiana*, centrada en el Emperador y en el Papa, más aún tratándose de un Papa que ha sido su maestro, es su amigo y es considerado uno de los hombres más cultos de Occidente; no en vano se ha aventurado en su juventud viajando hasta España para allí estudiar matemáticas y astronomía: se trata de Silvestre II, el primer Papa francés.

En tiempos de Otón III (983-1002), se incorporan oficialmente a la Cristiandad, Hungría y Polonia. San Adalberto, obispo de Praga, fue el apóstol en estos años, hasta su martirio a manos de los prusianos, todavía paganos. El año mil, el príncipe húngaro recién bautizado con el nombre de Esteban, recibía la corona real enviada por el Papa de acuerdo con el Emperador, quien quería la promoción de estos príncipes a la dignidad real para contar con ellos en la organización de la Europa cristiana. Con este gesto, Hungría se incorpora a los cristianos, y desempeñará el papel de efectivo antemural para la Europa occidental frente a los embates que todavía provendrían de la estepa; similar importancia histórica tendrá Polonia, más al norte.

Polonia fue organizada en la segunda mitad del siglo X por el príncipe Mieszko, bautizado a fines del siglo. Su hijo, Boleslao, con acuerdo del Papa, fue investido rey por el mismo Emperador. La creación de los reinos de Hungría y de Polonia significó también contar con sus propios obispados, instalados sobre ciudades ya existentes (Esztergom a orillas del Danubio; Gnesen y Cracovia en Polonia), con lo cual se limitó las ambiciones de la Iglesia alemana.

También la conversión de los reinos nórdicos data del siglo X, así como su organización estatal. En Dinamarca, Harald se hace bautizar con su familia y séquito (966), posiblemente para evitar las pretensiones imperialistas de Otón I, quien ya no podría argumentar que hacía la guerra a paganos.

La cristianización de Noruega, iniciada desde Inglaterra, donde han sido bautizados vikingos que llegarán a reyes, ya es hacia el año mil una realidad. Poco después, la misión se intensifica con el rey Olaf (†1030), quien pronto será considerado santo, proporcionando al reino un patrono celestial; pasa a ser así el primero de una serie de santos reyes: san Esteban de Hungría y su hijo san Emerico y, un siglo después, san Ladislao; san Knud de Dinamarca; san Enrique, emperador de Alemania; san Eduardo el Confesor, de Inglaterra; san Erico, de Suecia; y, a fines del siglo XIII, san Luis, de Francia.

Inglaterra comienza a recuperarse de los ataques y conquistas de los vikingos, a partir del reinado de Alfredo, empresa que tomó casi un siglo. Sólo a mediados del siglo X se logró expulsar al último rey escandinavo; entonces pudo iniciarse una intensa actividad monástica gracias a la renovación de los monasterios benedictinos. Lamentablemente la corona inglesa recayó, en los últimos decenios del siglo, en un hombre incapaz de enfrentar la nueva ola de invasores escandinavos, diestramente ejercitados en campamentos construidos en Dinamarca. A partir del 988 se inician las campañas victoriosas que culminan con la toma de Londres el 1013 y la proclamación de Canuto de Dinamarca como rey el 1013; poco después, Canuto heredaba la corona de Dinamarca y posteriormente conquistaba la de Noruega. Por unos pocos años, Canuto fue rey de una coalición de estados que bordeaban el Mar del Norte. Los daneses se mantendrán en Inglaterra hasta el 1042, en que volverá a restablecer la dinastía inglesa con Eduardo el Confesor.

Superada la edad de las invasiones, recuperada la crisis demográfica que había afligido a la Alta Edad Media, restablecido el

Imperio, cristianizados los nuevos pueblos, revitalizada la Iglesia gracias a la reforma cluniacense, fortificado el Pontificado, Europa estaba en condiciones de expresarse en el arte, y lo hizo majestuosamente a través del estilo románico. En el término mismo hay un reconocimiento a lo mucho que es deudor de Roma y del clasicismo; basta pensar en la basílica para establecer el punto de partida de la arquitectura románica. Pero el nuevo arte surge en los territorios de allende del Rin, en la Sajonia, con el apoyo de los emperadores alemanes, que compiten en levantar imponentes catedrales, que impresionan cual auténticas fortalezas: Espira, Tréveris, Maguncia, Worms, Hildesheim, o abadías como María Laach.

Pero el románico es un estilo internacional que igualmente prende en Normandía e Inglaterra como en España e Italia. En Cluny, sobre la antigua iglesia, se edificó –a fines del siglo XI– la gran iglesia abacial –hoy desaparecida– y que tomaría más de un siglo completar. Las grandes dimensiones de estas iglesias se deben, además del poderío del que quieren ser expresión, a la necesidad –en muchos casos– de acoger crecido número de peregrinos que en ciertas fechas del año repletan las iglesias. Ciertos detalles del edificio: el ambulatorio alrededor del coro en el ábside, las capillas multiplicadas en el crucero y en el ábside para guardar reliquias, claramente responden a las exigencias de las multitudes en peregrinación. Los mismos peregrinos contribuyen a internacionalizar los elementos componentes del estilo. Entre las rutas de peregrinaje, sin duda, las más importantes son las que conducen a Santiago de Compostela, donde también se levanta una gran basílica románica.

Elementos propios del estilo románico son las bóvedas de medio punto, los pórticos ornamentados, la poderosa impresión de los grandes muros de piedra apenas rotos por las ventanas y, en consecuencia, un interior tenuemente iluminado. La escultura románica logra comunicar la fuerza espiritual de los temas que trata, sometiendo las figuras a una depurada estilización, ya sea en los Cristos en Majestad de tantos portales, como los profetas de la obra maestra de la escultura románica que es el pórtico de Moissac (1085), en el sur de Francia.

Imagen 22: Otón III emperador del Sacro Imperio Romano Germánico, Códice de Reichenau, fines del siglo X, Bayerische Staatsbibliothek, Múnich.

REFERENCIAS

Barraclough, G. *El Papado en la Edad Media*, EUG, Granada, 2012.
De Ferdinandy, M. *Historia de Hungría*, Alianza, Madrid, 1967.
Duby, G. *El Año Mil*, Gedisa, Barcelona, 1988.

Flori, J. *Caballeros y caballería en la Edad Media*, Paidós, México, 2001.

Gallego Blanco, E. "Relaciones entre la Iglesia y el Estado en la Edad Media", *Revista Occidente*, Madrid, 1973.

Genicot, L. *El espíritu de la Edad Media*, Noguer, Barcelona, 1963.

Gordo, A. y Melo, D. *La Edad Media peninsular. Aproximaciones y problemas*, Ediciones Trea, Gijón, 2007.

Keen, M. *La vida caballeresca en la Edad Media*, Ariel, Barcelona, 2010.

Logan, F. D. *Los vikingos en la historia*, Fondo de Cultura Económica, México D.F., 2014.

Musset, L. *Las invasiones. El Segundo Asalto contra la Europa Cristiana*, Labor, Barcelona, 1968.

Riché, P. *Gerberto. El Papa del año mil*, Nerea, Hondarribia, 1990.

Vallvé, J. *El Califato de Córdoba*, Mapfre, Madrid, 1992.

Lección XXIII

La Cristiandad en expansión

Mientras Occidente se afanaba por encontrar su propia fisonomía histórica –en medio de enormes dificultades internas y externas– el Imperio bizantino, fortificado en la convicción de ser el único Imperio cristiano –continuador natural de Roma– superaba las crisis más tremendas y salía fortalecido. Factor inapreciable era el contar con un numeroso y apto cuerpo de funcionarios de carrera, encargados bien de recaudar los impuestos que alimentaban el tesoro imperial, bien de llevar al día la información sobre los muchos pueblos bárbaros con que el Imperio mantenía relaciones. Igualmente importante era su bien organizado ejército y su eficiente marina, dotada de cañones para lanzar el temido "fuego griego", lo que muchas veces fue su salvación. Disponer de los recursos para mantener la administración y el ejército, solventar los inmensos gastos de la corte imperial –acostumbrada a una magnificencia sin parangón con las cortes de Occidente–, fomentar las obras de la Iglesia– entre ellas, las construcciones– todo se hacía posible porque el Imperio era rico; más que la agricultura y la industria, las entradas las obtenía del cuantioso flujo comercial que controlaba.

A mediados del siglo IX, en tiempos del patriarca Focio, el interés por ganarse a los eslavos centroeuropeos movió a apoyar una misión encomendada al monje Cirilo y su hermano Metodio, en la Moravia. Cirilo, para hacerse más efectiva la evangelización, inventó un alfabeto para traducir la Sagrada Escritura a la lengua de los eslavos; aunque esta misión fracasó para Bizancio y el centro de Europa pasó a la dependencia eclesiástica de Roma, el alfabeto cirílico se usó en la conversión de los búlgaros –por entonces ya muy eslavizados– y sobre todo en la evangelización de los rusos. Dicho alfabeto simplificado es el que se usa hasta nuestros días en Rusia y otros países eslavos.

La enorme influencia que Bizancio ganó sobre Rusia al incorporarla a la Cristiandad ortodoxa fue tarea cumplida en tiempos de la dinastía macedónica (867-1057), período en el cual el Imperio de Oriente llegó a la plenitud de su gloria medieval. A lo largo del siglo X, se intensifican las relaciones entre Bizancio y el estado de Kiev. La princesa Olga recibió el bautismo en Constantinopla a mediados del siglo, pero sólo una generación después (988), en tiempos de Vladimir, se realizó la conversión general y se organizó la iglesia rusa en dependencia del patriarcado de Constantinopla. Pronto Vladimir fue considerado santo, y así Rusia también contó con un santo patrono. Desde entonces, Rusia iba a estar muy ligada a Bizancio, de donde recibirá sus mayores influencias a tal punto que se considerará su heredera natural después de la desaparición del Imperio de Oriente.

También desde Constantinopla se organizó la iglesia búlgara, después de la conversión de su kan Boris (865); esta conversión inició en el reino búlgaro –hasta ese momento más bien renuente a las influencias bizantinas y generalmente en guerra con el Imperio– un período de aproximación a la cultura bizantina, que se intensificó en tiempos del hijo de Boris, Simeón (893-927), educado en Bizancio, quien ambicionaba reemplazar al emperador y trasladar su capital desde Preslav a Constantinopla. Guerras victoriosas parecían alimentar su sueño, que culminó el 913 cuando después de poner cerco a Bizancio, tuvo que ser recibido en la capital y coronado emperador por el patriarca en presencia del joven emperador Constantino VII, quien debió aceptarlo como coemperador y futuro suegro. Vuelto Simeón a Bulgaria, los bizantinos rompieron los compromisos; llamaron a los pechenegos –pueblo de las estepas– para que los atacara por la retaguardia y así se encendió de nuevo la guerra que duró hasta la muerte de Simeón. Consecuencia de esta ruptura fue el establecimiento de un patriarcado búlgaro autónomo (925), que duró medio siglo, hasta que, acosados por los rusos y por bizantinos, fueron derrotados y la mayor parte del reino transformada en provincia imperial. La parte occidental del reino –Macedonia y actual Albania– contó con una nueva dinastía, en la que se distingue el zar Samuel, quien intentó la recuperación de los antiguos territorios; pero sucumbió ante la demoledora campaña de unos de los más famosos emperadores bizantinos, Basilio II (976-1025), llamado el Bulgaróctonos, esto es, el *"matador de búlgaros"*; con ello, el Imperio volvía a tener al Danubio por frontera septentrional.

Con Basilio II culminó una política –iniciada con la dinastía macedónica– de reconquista de los territorios de Asia Menor de manos de los seculares enemigos, los califas de Bagdad; el califato ya era sólo una sombra de los que había sido antaño, destrozado ahora por las dinastías locales que habían surgido en la Persia oriental, y, desde allí, se habían multiplicado hacia Occidente, con una cada vez mayor preponderancia de elementos turcos, provenientes del Asia Central. Un general turco, Togrul Beg –del grupo de los selyuquíes–, a mediados del siglo XI, conquista Persia, y el 1055 se apodera de Bagdad, pasando a constituirse en el nuevo gran peligro para la Cristiandad. Los turcos eran nómades, ganados por el Islam, y apenas civilizados; llevaban la destrucción a los territorios conquistados, todos los cuales gozaban entonces de un elevado grado de cultura, comprobable por el nutrido número de grandes pensadores y científicos nacidos en las ciudades persas y de Mesopotamia antes de las conquistas turcas.

Este esplendor de la cultura árabe es comparable al que –por la misma época– se vive en Bizancio durante la dinastía macedónica, en que desde el mismo trono imperial se alentaba el cultivo de las letras, las ciencias y las artes; en efecto, el emperador Constantino VII Porfirogénito es un verdadero erudito, encariñado con sus investigaciones históricas, quien dirige a un crecido número de secretarios que le colaboran en sus tareas. En un personaje como Miguel Psellos, polifacético, lector infatigable, encontramos otro prototipo de los humanistas bizantinos, que cultivaban la literatura clásica como propia y que la conservan hasta que Occidente estuviese en condiciones de recibirla.

Este es también el período en que el arte bizantino se recupera –después de la interrupción de la época iconoclasta– alcanzando una eximia maestría en la representación de las figuras en mosaicos, y en la creación de innumerables objetos en metales, ricamente decorados, con esmaltes e incrustaciones, que hablan tanto de su gran refinamiento como de su poderío económico. Sin duda, la Pala de Oro –gran tabla que se encuentra tras el altar mayor en la catedral de San Marco en Venecia– es el ejemplo más magnífico de las artes suntuarias de la Edad Media bizantina.

Igualmente, en la arquitectura hay cantidad de iglesias importantes en las que la cúpula descansa sobre un cubo; con infinidad de variantes, esta combinación se respeta como el elemento central y principal por el simbolismo cósmico que encierra: la iglesia era concebida como microcosmo, y la misma decoración en mosaicos, con el *Pantocrator* – Cristo en majestad– coronando el conjunto, tiende a acentuar el simbolismo. En suma, esta es una verdadera Edad de Oro de la civilización bizantina, que preludia la gran expansión del arte bizantino, sobre todo en los países eslavos del Oriente, y sus múltiples influencias en Europa occidental, cuya presencia más notoria es Venecia.

Este período de apogeo sufre uno de los primeros e inequívocos signos de decadencia en el gran desastre militar del Imperio en la batalla de Manzikert (1071); allí el emperador Romano IV Diógenes fue hecho prisionero por los turcos, y se perdió la mayor parte del Asia Menor. Este desastre coincide con la caída de Bari y todo el sur de la Italia bizantina en manos de los normandos. Por Oriente y Occidente el Imperio veía su horizonte de nuevo tenebroso.

La noticia del desastre de Manzikert y de las dificultades de los peregrinos para visitar los Santos Lugares, fue recibida en Europa con gran consternación. Desde hacía algunos años, desacuerdos entre el Papado y el Patriarcado de Constantinopla había culminado en la mutua excomunión (1054). Este lamentable incidente, que abre el Cisma de la Iglesia de Oriente u ortodoxa, era la consecuencia de un largo y enconado proceso de mutuo desentendimiento, abonado por la distancia, la falta de comunicación y la soberbia que anidaba en patriarcas como Focio o Miguel Cerulario.

Ante el avance turco, el Papado se consideraba más que nunca responsable de los cristianos de Oriente y del cuidado de los Santos Lugares, mancillados por el infiel.

En estos mismos años, las campañas de los reyes cristianos en España contra los moros han cobrado nuevos bríos, aprovechando la decadencia del poderío musulmán desde la extinción del califato de Córdoba (1031). Papel preponderante ha correspondido al reino de Castilla –creado a partir del condado del mismo nombre– que a la muerte de Sancho el Mayor de Navarra (1035), pasa a su hijo Fernando, quien es también rey de León. Los sucesores de Fernando son Sancho II de Castilla, quien tiene por alférez a Rodrigo Díaz de Vivar, y Alfonso VI de León, quien después del asesinato de Sancho fue también Rey de Castilla. Alfonso VI (1065-1109) organiza una campaña victoriosa que alcanza hasta Tarifa; el 1085 toma Toledo, capital del antiguo reino godo y centro geográfico de la península, estableciendo la línea del Tajo como nueva frontera de la Cristiandad en expansión. Toledo va a convertirse en sede de una famosa escuela de traductores, lo que hará posible el conocimiento en Occidente de textos griegos, traducidos al árabe y después al latín.

En todas estas campañas, numerosos caballeros del norte de los Pirineos –provenzales y borgoñones– han llegado hasta España para militar junto a los reyes cristianos, ya sea llevados por su afán de aventuras, ya oyendo la voz de los Papas que propician cruzadas contra los moros. Esta presencia de nobles transpirenaicos se ve acentuada por la influencia que ejercen los monjes cluniacenses en el establecimiento de las sedes episcopales y organización de los monasterios. Así, el primer arzobispo de Toledo fue un monje cluniacense, y el oro conquistado de los tesoros musulmanes afluiría a Cluny para contribuir a los gastos de la construcción del nuevo monasterio.

Las campañas victoriosas de Alfonso VI indujeron al emir de Sevilla a pedir el auxilio de fanáticos guerreros musulmanes del norte de África, los almorávides. Estos pasaron a España el 1086 y los próximos años vieron el incontenible avance de las fuerzas moras, sólo detenidas por Rodrigo Díaz de Vivar –el Cid–, quien se ha hecho fuerte en Valencia, cuidad que quedará en manos cristianas hasta después de su muerte. Las aventuras y hazañas del Cid Campeador darían motivo –generaciones más tarde– para todo un desarrollo legendario que quedará recogido en el Cantar de Mio Cid, primer monumento de la lengua castellana.

Por otra parte, la campaña emprendida por Guillermo, duque de Normandía, el 1066, para hacerse de la Corona de Inglaterra, se entendió también como una guerra justa, aunque cuando fue contra cristianos; para que no hubiese duda, el papa Alejandro II envió al duque un estandarte destinado a servir de enseña en las operaciones militares. La razón fue que el rey Eduardo el Confesor, al no tener descendiente, testó a favor de Guillermo –su primo– desbaratando los planes de Haroldo, un pretendiente apoyado por el partido anglosajón que veía con temor el predominio normando en la corte de Eduardo. Guillermo llegó a conseguir que Haroldo le prestara homenaje, lo que implicaba la fidelidad; sin embargo, a la muerte de Eduardo (1066), Haroldo invalidó su juramento y se proclamó rey de Inglaterra. Guillermo lo acusó de perjurio y felonía –el peor crimen en la sociedad feudal– y preparó la campaña que lo haría rey de Inglaterra y que le valiera pasar a la historia con el apelativo de "el Conquistador". Acabó así el período anglosajón, y se inició el normando, que abriría Inglaterra a fuertes influencias de Francia y del continente.

Años después, toda esta gesta fue bordada en un paño que

tiene sesenta metros de largo por medio de ancho, hecho por encargo del obispo de Bayeux para ser colgado en la nave central de su catedral. Esta tapicería –que aún se conserva– muestra el distinto tipo de guerreros que se enfrentaron, y la superioridad del armamento normando, es decir, la caballería feudal.

Por estos mismos años, también en el sur de Italia, otro grupo de normandos se ha hecho poderoso, y su jefe, Roberto Guiscardo, ha aceptado ser vasallo de la Santa Sede y militar bajo sus órdenes; así, se prepara la campaña para reconquistar Sicilia de manos de los moros; fue encabezado por Roger, hermano de Roberto, y se entendió como una verdadera cruzada, ya que se contaba con la absolución de los pecados para los que muriesen combatiendo bajo el estandarte pontificio. La reconquista de Sicilia fue completada el 1072.

Este es el ambiente que hay que tener presente para comprender el gesto del papa Urbano II, quien, en el Concilio de Clermont, en noviembre del 1095, lanzó un vehemente llamado a los príncipes cristianos para que tomasen la Cruz y las armas y se movilizasen a la conquista de los Santos Lugares. Esta gran campaña purificaría a la Cristiandad de sus muchos crímenes, y aminoraría la seducción del pecado al proponer una meta espiritual a los apetitos de la sociedad feudal. Pronto el llamado se propagó por todo Occidente, y las multitudes se enardecieron viviendo anticipadamente la aventura, la gloria y el Cielo. Europa desbordaría sus límites y el Oriente legendario recibirá a emperadores y reyes, a obispos y monjes, a caballeros y villanos, a damas y prostitutas, a héroes y facinerosos. Las Cruzadas a Tierra Santa había comenzado.

La ruta terrestre al Oriente –a través de Europa central y los Balcanes– pasaba necesariamente por el Imperio bizantino. El emperador Alejo I Comneno (1081-1118), exigió a los señores cruzados que comandaban las huestes feudales que le jurasen que las tierras ganadas a los turcos serían restituidas al Emperador, su legítimo señor, y conservadas en vasallaje por sus conquistadores.

Con mayor o menor dificultad, fue consiguiendo el juramento a medida que iban llegando los destacamentos –formados mayoritariamente de franceses y normandos– a Constantinopla, de paso al Asia Menor. Allí cayó Nicea –la capital del sultán selyuquí– después de largo asedio; pero el enfrentamiento con las hordas turcas, formadas por multitudes de jinetes ligeramente armados que atacaban en grupos con nubes de flechas, se dio poco después en Dorilea, y fue una dura experiencia para los cruzados que estuvieron a punto de ser derrotados. La victoria de Dorilea les abrió la ruta hacia Antioquía –una de las grandes ciudades del Cercano Oriente– cuya captura los hizo señores de la Siria marítima. Jerusalén, defendida por una guarnición fatimita, cayó el 15 de julio del 1099, y fue imposible impedir una gran carnicería. Con los territorios conquistados, se organizó un estado: el reino latino de Jerusalén, que tuvo todas las características de las monarquías feudales de Occidente. Un noble francés, el duque de Baja Lorena, Godofredo de Bouillon, que se había distinguido durante las operaciones, fue elegido rey; pero se contentó con el título de "Defensor del Santo Sepulcro". Pronto surgieron otros estados vasallos del rey de Jerusalén: los principados de Antioquía y de Edesa, y el condado de Trípoli.

Al tiempo que una multitud de caballeros marchaba a Tierra –donde la mayor parte dejaría sus huesos– algunos pocos canalizaban su fervor religioso en la búsqueda de una vida de perfección ascética en la restauración del orden monástico, ya que Cluny y sus monasterios les parecían demasiado regalados; a estos sentimientos corresponde la fundación de la Cartuja por san Bruno, en el 1084, y, sobre todo, del Císter, en 1098, por san Roberto. El Císter fue puesto bajo la protección directa de la Santa Sede, y quiso volver a la tradición benedictina primitiva, en que la pobreza fuese la guardiana de las virtudes. Pocos años después, la entrada de san Bernardo y una treintena de nobles compañeros al Císter, iba a producir la primera expansión de la nueva orden de los monjes blancos, fomentada por la descentralización que la caracteriza. San Bernardo (1090-1153), abad de Claraval, fue uno de los personajes más importante de su tiempo: consejo de pontífices y de reyes, fue el alma de la segunda Cruzada (1146), encabezada por el emperador Conrado III, y por el rey Luis VII, de Francia.

Por entonces, en Tierra Santa ya se había organizado, para la defensa de los estados cristianos, las órdenes de monjes militares; en ellas culminaba el ideal religioso de la caballería cristiana, que venía desde hacía generaciones ganando la sociedad feudal. De hecho, la ceremonia litúrgica mediante la cual el joven era armado caballero, lo comprometía en la defensa de la fe y de los cristianos. La caballería culminaba el esfuerzo iniciado con las instituciones de paz, destinadas a darle sentido cristiano a la actividad militar. En este ambiente nacen las órdenes militares que tuvieron en san Bernardo un gran respaldo; la más importante fue la Orden de los Templarios, fundada en 1118, y así llamada porque residía en el Templo de Jerusalén, desde donde jugó un papel destacado en la defensa de Tierra Santa. Los templarios se ubicaron en todos los reinos cristianos para reclutar caballeros y administrar sus posesiones, llegando a ser una de las órdenes más ricas y poderosas de la Cristiandad.

La Orden de los Hospitalarios, originada en la mantención de un hospital en Jerusalén, se prolonga hasta nuestros días en la Orden de Malta. Los hospitalarios levantaron –sobre un castillo anterior– una de las fortalezas más poderosas construidas en Tierra Santa, el Crac de los Caballeros, en Siria, el cual estaría en manos cristianas hasta el 1271, y serviría de modelo a más de un castillo en Occidente. El Crac fue uno de los bastiones que logró resistir las feroces incursiones del sultán Saladino, cada día más poderoso, y que el 1187 aniquiló al ejército del rey de Jerusalén en Hattin, reconquistando la Ciudad Santa. El desastre de Hattin es el comienzo del fin; la tercera Cruzada, que movilizó a los granados príncipes de Occidente –el emperador Federico Barbarroja de Alemania, el rey Felipe Augusto de Francia y Ricardo Corazón de León, rey de Inglaterra– apenas llegó a conseguir una tregua con Saladino.

Durante la tercera Cruzada se funda la Orden Teutónica, que pronto trasladó sus actividades de Tierra Santa a la frontera en expansión del este de Alemania; allí inició una cruzada contra los prusianos –aún paganos– que duró hasta el siglo XIV y significó una importante presencia de colonos alemanes en tierras de eslavos; cerca de cien ciudades fundadas por la Orden hablan de su importante gestión. Su centro estaba en Marienburgo, a orillas del Vístula, en una impresionante fortaleza desde donde el Gran Maestre gobernaba un verdadero estado, rico y poderoso.

También en España aparecieron las órdenes militares, propiciadas por los cistercienses, las cuales prolongan las influencias francesas en la Península. En el trono castellano –desde el 1126– se encuentra Alfonso VII, primer rey de la dinastía borgoña que se proclamó emperador, como expresión del poderío que había alcanzado en España, y que traspasaba las fronteras de la Península. Los enlaces matrimoniales de la familia real son prueba del prestigio de que gozaba la monarquía castellana en el mundo cristiano. A mediados del siglo XIII, ya en tiempos de Alfonso VIII (1158-1214), aparece la Orden de Calatrava; poco después, las de Alcántara y de Santiago, que tuvieron destacada participación en el empuje castellano en pro de la Reconquista, como respuesta al refuerzo que significó para el Islam el apoyo de los moros almohades.

Una vez conseguida la concordia entre los reyes –que en las décadas anteriores se habían combatido por la posesión de ciudades y territorios conquistados a los infieles– las fuerzas cristianas obtuvieron una gran victoria en las Navas de Tolosa (1212). Esta campaña, que tuvo las características de una cruzada, fue bendecida por el gran pontífice Inocencio III. La victoria de las Navas de Tolosa, que inclinó definitivamente a favor de los reinos cristianos el curso de la historia de España, infligió al imperio almohade un golpe mortal. Un sucesor de Alfonso VIII será su nieto Fernando III; con su reinado, y el de Luis IX de Francia –otro de sus nietos– ya estamos en pleno siglo XIII. Estos dos reyes serían más tarde canonizados. Otros de sus nietos serían reyes de Portugal, reinas de Jerusalén y de Dinamarca.

El Pontífice desde Roma y el Emperador bizantino desde Constantinopla son los principales artífices de las empresas evangelizadoras, que han ido configurando el perfil de la Cristiandad en su expansión sobre territorios bárbaros y de infieles. De este proceso, Europa surgirá renovada, y la ciudad medieval, con su fecunda vida urbana, será testimonio de esta madurez.

Imagen 23: Ricardo Corazón de León y Saladino en combate, Salterio de Lutrell, h. 1325, British Library, ms.42130, fol. 82r.

REFERENCIAS

Alphandéry, P. y Dupront, A. *La cristiandad y el concepto de cruzada: las primeras cruzadas*, UTEHA, México, 1959.

Bartlett, R. *La formación de Europa. Conquista, civilización y cambio cultural, 950-1350*, Ed. UGR-UV, Valencia, 2003.

Ducellier, A. *Bizancio y el Mundo Ortodoxo*, Mondadori, Madrid, 1992.

Fletcher, R. *El Cid*, Nerea, Madrid, 1989.

Flori, J. *La guerra santa. La formación de la idea de cruzada en el Occidente cristiano*, Trotta, Madrid, 2003.

García de Cortázar, J.A. *Nueva Historia de España en sus Textos. Edad Media*, Ed. Pico Sacro, Santiago de Compostela, 1975.

Heers, J. *La Primera Cruzada*, Ed. Andrés Bello, Santiago de Chile, 1997.

Marín, J. *Cruzada, Guerra Santa y Yihad. La Edad Media y Nosotros*, Ediciones Universitarias de Valparaíso, 2003.

Runciman, S. *Historia de las Cruzadas*, Alianza, Madrid, 1994.

Porrinas, D. *El Cid. Historia y mito de un señor de la guerra*, Ediciones Desperta Ferro, Madrid, 2019.

SEXTA PARTE

APOGEO Y CRISIS DE LA EUROPA CRISTIANA

Lección XXIV

El florecimiento de la ciudad medieval

Junto a las fuerzas tradicionales representadas por la nobleza feudal y la Iglesia, comienza a cobrar una importancia cada vez más acentuada un nuevo elemento en la historia de Europa: la *ciudad*.

Las ciudades que renacen, o las nuevas que surgen ahora por toda Europa, lo hacen bajo el signo cristiano; la presencia central de la catedral, del monasterio o de la iglesia del santo patrono, más la cantidad de otras iglesias y de capillas perdidas en el dédalo de sus callejuelas, le otorga a toda la ciudad –pequeñas ciudades amuralladas, por cierto– un espíritu cristiano. Desde la lejanía, las torres de las iglesias garantizan a los viajeros la acogida que les presta la comunidad cristiana, y a sus habitantes, la protección de Dios, de la Virgen o de los Santos, tan importante como la que pueden darle sus murallas. El tañer de las campanas ordena el curso del día, y acompaña a los hombres a lo largo de su vida, así como destaca los grandes acontecimientos que puedan ocurrir en el ambiente urbano o en la comarca.

En estrecha relación con las vías comerciales –ríos o rutas– que surcan el continente y se prolongan por los mares hasta las islas vecinas y tierras más lejanas, las ciudades tienen un marcado carácter comercial y artesanal; y, en algunos casos, fabril o financiero. El mismo las hace considerarse rivales en la búsqueda y mantención de mercados consumidores; así algunas prosperan insospechadamente y otras languidecen, sin ningún significado para la historia de la región. Entre las que alcanzaron un auge impresionante se cuentan ciudades italianas: Venecia –en primer lugar– que, con el paso de los siglos, había ido enriqueciéndose material y espiritualmente en el estrecho contacto que mantenía con el Imperio bizantino; Génova, Pisa, Milán, Florencia, que, con la apertura e intensificación del tráfico con el Levante a partir de las Cruzadas, crecen, compran privilegios y son hermoseadas con construcciones que son testimonio de la pujanza económica de sus ciudadanos. Otra zona de intensa vida ciudadana son los Países Bajos, beneficiada con el comercio en el mar del Norte y en el Báltico, continuando la actividad mercantil de los vikingos y variegos. En esas ciudades de los Países Bajos se desarrolla –tal como en ciudades del norte de Francia– la primera gran industria europea: la textil, trabajando la lana de Inglaterra. Algunas ciudades, favorecidas por los reyes como puntos de apoyo para enfrentar a la turbulenta nobleza feudal, son convertidas en capitales; es el caso de Londres y de París.

La nota característica de las más importantes de estas ciudades es la libertad, conseguida en duro y a menudo sangriento forcejeo con los señores del lugar. Al fin, un documento oficial llamado *carta*, o *fuero* –celosamente guardado como prenda de su libertad por los ciudadanos– garantiza su rango de ciudad libre, generadora de hombres no dependientes de señor feudal, sino ligados al Emperador, al Papa o a los reyes según las disposiciones de la carta. Un proverbio alemán de la época refleja orgullosamente esta realidad: "el aire de las ciudades hace libre". Los siervos asilados en las ciudades, generalmente transcurrido un año, logran la libertad y pasan a engrosar la población urbana.

Dentro de la ciudad, sus habitantes se organizan de acuerdo a sus actividades en *gremios*, todos igualmente ufanos de la importancia y prestigio de la tarea desempeñada, aunque algunos evidentemente llamados a destacarse y adquirir poderío por sobre los demás. Los jóvenes, todavía niños, se incorporaban en calidad de aprendices al taller de uno de los maestros que había en cada gremio. Allí, aprendían las exigencias de oficio respectivo y, a la vuelta de algunos años, podían convertirse en *oficial*; cuando demostraban poseer el dominio de su actividad, podían instalar su propio taller y eran considerados *maestros*. Los gremios estaban encargados de fijar los precios, la calidad de los artículos y el monto de la producción. A estas tareas económicas, se sumaba una eficiente preocupación por la suerte de los agremiados, así como su ciudad, en cuyo consejo participaban sus delegados. En las grandes festividades de la vida urbana, podía verse a los gremios en las solemnes procesiones desfilar tras su enseña, orgullosos del papel que les correspondía en la sociedad de su época. Durante siglos, serían un efecto elemento de control y de estímulo en la economía europea, que aún seguía siendo fundamentalmente agraria y mercantil.

La importancia que habían cobrado algunas ciudades en el siglo XII, permite que se organicen en ellas *"estudios"* que son frecuentados por laicos, y donde se cultivan, junto a las disciplinas tradicionales, otras nuevas para la época. Estos estudios, alimentados por las traducciones de autores árabes o de autores de la Antigüedad griega, traducidos al árabe y después al latín, son los núcleos de las futuras *universidades*. La más famosa de estas escuelas es la de París, en el estudio de la teología; Salerno y Montpellier inician los estudios de derecho, sobre todo desde que se redescubrió el antiguo derecho romano, contenidos en el *Corpus Iuris Civilis* de Justiniano el Grande. Este derecho sirvió para fundamentar las prerrogativas del Imperio frente al Pontificado en el largo conflicto que sostuvieron Federico Barbarroja (1152-1190) y el papa Alejandro III (1159-11181).

El siglo XIII se abre durante el pontificado del gran Inocencio III (1198-1216), con quien llega a su culminación el poder de los Papas, en un momento en que dentro de la Cristiandad se sufría la acción de seductoras herejías y, en su horizonte, se insinuaba uno de los peligros más tremendos: la conquista de medio mundo por los mongoles.

En el sur de Francia, adquirió gran difusión la herejía de los cátaros o albigenses, heredera de antiguas tradiciones orientales, llegadas a Occidente por los Balcanes, y en la doctrina que predominaba la concepción dualista; es decir, el enfrentamiento del bien y del mal, como principios eternos, que había caracterizado al maniqueísmo persa. Los *cátaros* –términos que significa "puros"– iban contra las verdades de la fe, contra los sacramentos y contra la organización eclesiástica, conmoviendo los cimientos mismos sobre los cuales se había edificado la sociedad cristiana de Occidente. La herejía prendió especialmente en el Languedoc (sur de Francia), territorio abierto a las influencias musulmanas y claramente diferenciado de la Francia del norte.

Se intentó combatir a los cátaros con una predicación que atrajese nuevamente las multitudes al seno de la Iglesia. Este fue el origen de la orden de los predicadores o dominicos (1208), llamados así por su fundador santo Domingo de Guzmán. Santo Domingo concibió a un nuevo tipo de monje, sólidamente formado en la teología para poder denunciar y combatir los errores de las herejías, y con obligaciones conventuales menores para disponer de más tiempos en las nuevas tareas apostólicas.

La contumacia de los herejes –que ponía en peligro la organización misma de la sociedad cristiana y la salvación de las almas– obligó a tomar medidas extremas: crear tribunales especializados para emplazar a los herejes y conminarlos a la abjuración de sus errores (la Santa Inquisición); y, en el caso de persistir en el error, entregarlo al brazo secular –la justicia civil– para la aplicación de los castigos que podían llegar hasta la pena capital. Como aun con estas medidas no se pudo vencer la resistencia opuesta por los herejes –que habían ganado a gran número de los nobles del sur de Francia– se decidió proclamar la Cruzada contra ellos (1208); fue una campaña cruel y se prolongó hasta el 1244, en que cayó el último reducto cátaro: el castillo de Montségur.

La Cruzada debilitó a los señores feudales del sur de Francia –encabezados por el conde de Tolosa– y fue decisiva para la expansión del dominio real y para cimentar la unificación de Francia bajo los Capetos.

La Inquisición se organizó también en los demás países de Europa, en un desmedido, aunque comprensible, afán por extirpar las herejías que pululaban, en correspondencia con la profunda alteración de la sociedad tradicional, provocada especialmente en el seno de las nuevas comunidades urbanas.

La defensa de la fe impulsó también a los dominicos a ganar cátedras en las más famosas escuelas; algunos de sus maestros adquirieron extraordinaria fama por su saber, además de su santidad: tal fue el caso de san Alberto Magno –maestro de Aquino (1225-1274), maestro en la ya establecida Universidad de París, después en el Estudio General Pontificio, y por último, en Nápoles, santo Tomás, llamado "el más sabio de los santos y el más santo de los sabios", es la figura cumbre de la intelectualidad medieval, ya que renovó profundamente el saber de su época. Su inmensa obra, la *Suma Teológica*, coordina la filosofía aristotélica con la revelación cristiana en una síntesis armoniosa que ha sido declarada por la Iglesia como su doctrina teológica oficial.

Los primeros años del siglo XIII vieron también la fundación de otra orden religiosa, llamada igualmente a tener gran expansión: la de los hermanos menores o franciscanos (1210). San Francisco de Asís (1182-1226), su fundador, es una de las figuras más atractivas de toda la historia de la Iglesia. Hijo de un pudiente mercader en paños, Francisco era un apuesto joven, con mirada soñadora y palabra de poeta, que recibió el llamado del Señor para renunciar a los bienes del mundo, lo cual aceptó plenamente. Su bondad para con todos los seres de la creación, su pobreza evangélica, su humildad, su adhesión inconmovible a la Santa Sede, son algunos de los rasgos del llamado Pobrecito de Asís.

La presencia de los franciscanos y dominicos en las ciudades, donde levantaron sus conventos, fue decisiva en la cristianización de los bullentes núcleos urbanos que estaban dando un nuevo carácter a la sociedad europea. Ambas órdenes son mendicantes, es decir, viven de las limosnas que reciben en las ciudades donde se instalan, creándose así una relación muy intensa con sus feligreses; los franciscanos supieron orientar nuevas formas de piedad popular, que consiguieron inmediato arraigo, como son el pesebre y la devoción al Niño Dios. Los franciscanos también contaron con famosos maestros, como san Buenaventura (1221-1274), en París, los cuales destacan en las recién fundadas universidades.

Estos años ven la renovación de los centros de estudios tradicionales y su transformación en universidades, reconocidas por el Papa o por el Emperador. Así, París recibe sus estatutos el 1215, Oxford el 1214, Salamanca el 1220, Padua el 1222, y, a lo largo de todo el siglo se continúan las fundaciones que llevarían a toda Europa la inquietud intelectual. De las universidades provendrán los hombres que –con su talento y formación, puestos al servicio de la Iglesia o de los poderes públicos– hacen la grandeza del siglo XIII.

La renovación de los estudios, en que el conocimiento directo de las obras de Aristóteles fue decisivo, fue el resultado inesperado y valiosísimo de una desgraciada guerra entre cristianos: la IV Cruzada, en efecto, esta Cruzada, solicitada por Inocencio III, fue organizada como expedición marítima, pero no arribó a Tierra Santa, sino que fue desviada hacia Constantinopla; el 1204, Constantinopla fue tomada y sus tesoros –entre los que hay que contar a innumerables obras de los autores clásicos– fueron saqueados y repartidos por Occidente.

El espíritu religioso que había primado en las cruzadas anteriores, estaba cada vez más desvirtuado por el afán de lucro o por el simple espíritu de hazaña caballeresca. No en vano este es el tiempo del gran auge de los torneos que reúnen a cantidad de nobles caballeros en liza, y de las canciones de gesta que celebran sus proezas.

En este mismo tiempo surge y alcanza su plenitud –como expresión madura del genio europeo– el arte gótico. Esta denominación fue empleada despectivamente por los artistas del Renacimiento para dar a entender que era un arte medieval y tuvo su cuna en la Isla de Francia, esto es, en la zona de París; desde allí irradió al Occidente entero, llegando a ser una expresión común a toda Europa, si bien con rasgos típicos de las distintas regiones. El gótico está majestuosamente simbolizado en la *catedral* que denomina la ciudad, y cuyas torres son hitos imponentes en el paisaje medieval.

Elementos distintos del gótico, en la arquitectura, son la elevación de naves y torres, y el reemplazo de grandes paños de los muros por ventanales de vidrios de colores (vitrales), entre los que destaca el rosetón sobre el pórtico de la fachada, por donde la luz penetra a raudales y destella en los inmensos interiores; esa luz, imagen de la divinidad, ilumina no sólo los espacios, sino también el alma de los fieles allí reunidos en las grandes festividades del año litúrgico o de los santos patronos. Las altísimas columnas parecen alcanzar el cielo, cuando se les sigue con la vista. El arco de medio punto –característico del románico– se transforma en arco apuntando u *ojiva*, que se multiplica en las bóvedas y aparece en los ventanales y pórticos. La gran elevación de las catedrales descansa en los arbotantes que amplían los antiguos contrafuertes.

Estas iglesias monumentales son una obra colectiva; en ella trabajan dos o más generaciones de artesanos y maestros arquitectos –a veces, miembros de una misma familia–, agrupados en cofradías, celosos de su saber, respetados por todos. Antecesores directos de los artistas del Renacimiento, son los responsables de magníficas construcciones, que alcanzan medidas sorprendentes. La nave central de Notre Dame de París se eleva a los 33 metros; a casi 35, Chartres; a 38, Reims, y a 48, Beauvais; la longitud en estas mismas catedrales va de los 130 a 148 metros. Estas catedrales exigían ingentes recursos que sólo la fe inconmovible, la profunda piedad y una ardiente devoción, mantenidas durante largo tiempo, harían posible, y no tan sólo la riqueza o la prosperidad Cincuenta años toma la construcción de Chartres (1194-1245); sesenta, Amiens (1220-1280); cien años tomarían París (1163-1260), Reims (1211-1311), y Bourges; otras, en fin, quedaron sin terminar, o vinieron a ser terminadas siglos después, como la catedral de Colonia.

El decidido apoyo de san Luis, rey de Francia, permitió que en tres años (1245-1248) se levantará la Santa Capilla del palacio real, destinada a servir de relicarios suntuosos a la colección de reliquias de la casa de Francia. En la Santa Capilla, los muros prácticamente han desaparecido, reemplazados por los vitrales, y una luminosidad deslumbrante inunda el interior.

Catedrales góticas, junto a otros edificios urbanos, tales como ayuntamientos (municipalidad), sedes de gremios o universidades, van cubriendo Europa desde el Báltico al Mediterráneo y desde las Islas Británicas a Polonia, en un proceso que se prolonga hasta comienzos del siglo XVI.

La estatuaria gótica –todavía en gran medida emplazada como ornamento arquitectónico– borda las fachadas y pórticos laterales de catedrales y abadías, con un tratamiento cada vez más realista de los personajes; las individualidades se marcan, y los temperamentos afloran en los rostros y gestos. Un fuerte soplo de humanidad recorre la escultura gótica, que aviva su mensaje espiritual, expresado incluso en la majestuosidad de la imagen de Dios hecho hombre. Sin duda, es en la fachada de la catedral del Reims donde encontramos el apogeo de la escultura gótica, tanto en el grupo de la Visitación, como en la sonrisa de sus ángeles.

Los conjuntos escultóricos, así como los ciclos en los ventanales, presentan los grandes temas de la historia de la salvación, desde la creación del mundo y de nuestros primeros padres, hasta el Juicio Final y la venida triunfal de Cristo el último día. Además, están allí, en imágenes y en símbolos, compendiados los conocimientos más importantes que el hombre precisa, y que la naturaleza, la historia y la moral le proporcionan: así, puede encontrarse todo un repertorio de plantas, de animales reales y fantásticos, de los oficios del hombre, de grandes episodios –como el bautismo de Clodoveo o la muerte de Rolando– e impresionantes representaciones de vicios y virtudes. Es la creación toda la que comparece en alabanza a su Creador. Con razón se ha dicho que la catedral gótica era una gran *"suma"* de los conocimientos del pueblo cristiano; era la Biblia en imágenes que ilustraba a las multitudes que no sabían leer.

La pintura mural no tiene la misma importancia que en el románico, excepto en Italia, donde la encontramos en la gran basílica de san Francisco de Asís; allí está pintada la vida del Santo por los grandes artistas de la época, incluyendo a Giotto (1266-1337), con quien ya estamos en los albores del Renacimiento.

Imagen 24: Inocencio III aprueba la orden de los Franciscanos, pintura al fresco de Giotto, Basílica de Asís, siglo XIII.

Referencias

Cahen, C. *Oriente y Occidente en tiempos de la cruzadas*, Fondo de Cultura Económica, México D.F., 1989.

Cohn, N. *En Pos del Milenio. Revolucionarios milenaristas y anarquistas místicos de la Edad Media*, Seix Barral, Barcelona, 1972.

Dutour, T. *La ciudad medieval. Orígenes y triunfo de la Europa urbana*, Paidós, Barcelona, 2004.

Guglielmi, N. *Aproximación a la vida cotidiana en la Edad Media*, UCA, Buenos Aires, 2000.

Haskins, C. H. *El renacimiento del siglo XII*, Ático de los Libros, Barcelona, 2013.

Heers, J. *Occidente durante los siglos XIV y XV*, Labor, Madrid, 1984.

Herrera Cajas, H. "Consideraciones acerca de la vida intelectual en la Edad Media", *Ensayos sobre el Mundo Medieval*, PUCV, 2018, pp.253-261.

Labal, P. *Los Cátaros. Herejía y crisis social*, Crítica, Barcelona, 1984.

Le Goff, J. *Los Intelectuales en la Edad Media*, Gedisa, Barcelona, 1990.

Panofsky, E. *La arquitectura gótica y la escolástica*, Siruela, Madrid, 2007.

Pirenne, H. *Las ciudades de la Edad Media*, Alianza, Madrid, 2005.

Pontificado, imperio y monarquías

El siglo XIII –que verá la declinación del Imperio, la culminación y crisis del Pontificado medieval y la constitución de poderosas monarquías de base feudal, pero ya con espíritu nacional– se abre con una nueva Cruzada, solicitada por Inocencio III.

La IV Cruzada, organizada como expedición marítima, en lugar de orientarse hacia Tierra Santa, fue desviada hacia Constantinopla, a instancias de los venecianos que querían usufructuar del control comercial en manos del Imperio bizantino. En los decenios anteriores, Bizancio había otorgado numerosas concesiones comerciales a Venecia, a Génova y a Pisa, lo que despertó la codicia de estas prósperas repúblicas mercantiles.

El 1204, los cruzados se apoderan de Constantinopla, y proclaman un emperador latino; también el patriarca fue reemplazado por un arzobispo latino. La reacción bizantina se centró en Nicea, en el Asia Menor, donde se estableció un pariente de los emperadores depuestos. El Imperio latino se prolongó hasta el 1261, en que Miguel Paleólogo –emperador niceno– reconquistó una Constantinopla tremendamente empobrecida y maltratada. Los años de dominio latino no hicieron sino aumentar la incomprensión y odiosidad entre griegos y latinos, e impidieron que prosperara cualquier intento de unión de las Iglesias, y de ayuda efectiva por parte de Occidente al cada vez más necesitado Imperio de Oriente.

Otra Cruzada que también provocó discordias en la cristiandad, fue la organizada por Federico II Hohenstaufen, emperador de Alemania. Federico II, hijo de Enrique VI (y, por tanto, nieto de Federico Barbarroja) y una princesa normanda de Sicilia, es una de las figuras más atrayentes del siglo; para sus mismos contemporáneos, fue motivo de odio violento o de admiración apasionada. Culto, refinado y más hecho al cálido ambiente mediterráneo de Sicilia –donde se vivía todas las influencias del mundo musulmán– que al rudo temperamento de la Germania, y con una inquietud sorprendente que lo llevó a estudiar aun temas ocultos, fue llamado el "estupor del mundo". Durante su minoridad tuvo por tutor al gran Inocencio III, que creyó poder manejar al joven príncipe de acuerdo a los intereses pontificios. Coronado emperador en 1220, estaba profundamente convencido de sus prerrogativas, y así lo proclamó en el *Liber Augustalis*; para él, *"la majestad imperial está libre de toda ley* (dicho de otra manera, es absoluta), *excepto del juicio de la razón, que es la madre del derecho"*. En su preocupación por contar con sus propios legistas y bien formados funcionarios, funda el 1224, en Nápoles, una universidad que será la primera universidad estatal de Occidente.

Organizó una Cruzada a Tierra Santa y se proclamó rey de Jerusalén (1225); aunque excomulgado por el Papa, partió al Levante, y consiguió que el sultán de Egipto devolviese los Santos Lugares a los cristianos. Con todo, esta Cruzada más bien escandalizó a los cristianos, que no comprendían las muchas muestras de amistad entre Federico y el sultán de Egipto. Sólo quince años permanecería Jerusalén en manos cristianas. Conflictos graves con su hijo, y mayores aún con el Papa, culminaron al ser solemnemente depuesto en el concilio ecuménico de Lyon (1245), convocado por Inocencio IV. Federico siguió combatiendo hasta el día de su muerte –ocurrida en diciembre del 1250– lo que dio inicio a la irrecuperable declinación de la dinastía Hohenstaufen.

Al comenzar el siglo XIII, Europa contaba con unos sesenta millones de habitantes, correspondiendo la quinta parte al reino de Francia, engrandecido por las conquistas y la sabia administración de Felipe Augusto (1180-1223); el papa Inocencio III lo declaró independiente en los secular de todos otros poderes, es decir, de la tuición que nominalmente venía ejerciendo el Sacro

Imperio Romano Germánico. El 1202, Felipe Augusto conquistó la Normandía a los ingleses y terminó cuadruplicando el dominio real; restringiendo los derechos feudales, organizó su reino en directa dependencia financiera y judicial del Rey.

Con el reinado de su nieto, Luis IX (1226-1270), crece el reino y aumenta el prestigio de la monarquía francesa. Durante su minoridad, ejerció la regencia su madre, Blanca de Castilla, quien le inculcó –junto con las virtudes cristianas y prácticas de piedad– la responsabilidad propia del buen monarca en la instauración de la justicia y de la paz. La educación que el joven rey recibió, hizo de él un santo; así lo proclamo la Iglesia, apenas una generación después de su muerte (1297), con lo cual pasa a la historia como san Luis, Rey de Francia.

La pérdida de Jerusalén, caída en manos de los turcos el 1244, exige del Rey –piadoso caballero– emprender una nueva cruzada (1249-1254), la cual termina en un desastre, con el Rey prisionero, pero respetado por su fama de justo y de santo. El 1270, organiza otra cruzada que tiene como primera etapa Túnez, pero allí la peste hace presa de él y muere el 25 de agosto del 1270.

Contemporáneos de Felipe Augusto, fueron reyes en Inglaterra, Ricardo Corazón de León y Juan, ambos hijos de Enrique Plantagenet, duque de Normandía, quien llegó a ser rey de Inglaterra en el 1154, a la muerte de su abuelo, el rey Esteban. El matrimonio de Enrique de Normandía con Eleonor de Aquitania lo había convertido en un vasallo más poderoso que su propio señor feudal, el rey de Francia; Enrique II había pasado a ser, con esto, uno de los monarcas de más peso de Occidente (1154-1189).

Durante el reinado de su hijo Juan (1199-1216), Felipe Augusto consigue victoria tras victoria sobre el rey inglés, y desintegra así el verdadero imperio que se había formado entre la Isla Grande y el continente. A estos desastres militares, se sumaron la insubordinación de los señores ingleses y los conflictos con la Iglesia. El 1213, Juan, excomulgado, fue depuesto por el papa Inocencio III, después de tener al reino en entredicho. Para recuperar el reino, Juan –llamado *"sin tierra"* – debió prestar homenaje al Sumo Pontífice, recibiendo su reino como feudo de la Santa Sede. Poco después (1215) Juan se vio obligado a conceder a los señores ingleses la *"Magna Carta de las libertades"*, es decir, de los privilegios de los barones y de los obispos; en este documento, el Rey se comprometía a no poner ningún impuesto sin el común consejo del reino, punto de partido del proceso "constitucionalista", propio de la monarquía inglesa. La *Carta Magna* corresponde a una tendencia que se inicia en el reino de León, a fines del siglo XII, y que se hace común a otros reinos europeos cuyos señores exigen privilegios en el siglo XIII: Hungría, Alemania, Francia y Aragón, que obtiene su *Fuero General* el 1283. Con Eduardo I de Inglaterra (1272-1307) se consolida la fórmula monarquía-parlamento, este último integrado por representantes de cada uno de los tres estamentos del reino: nobleza, clero y burguesía. El Parlamento reunido el 1295 para aprobar los impuestos que el rey pide, servirá de modelo para los parlamentarios sucesivos.

En la Península Ibérica, Fernando III (1217-1252) –nieto, al igual que san Luis, de Alfonso VIII, el de Las Navas– une definitivamente las coronas de Castilla y de León (1230), y lleva la reconquista hasta el Guadalquivir y el Segura, tomando Córdoba (1236) y Sevilla (1248), la ciudad más importante de Andalucía. Quedaba sólo el reino moro de Granada, y alguna que otra ciudad como resto de los que había sido el gran dominio árabe en la Península.

Similar avance cumple, en la zona mediterránea, el rey de Aragón, Jaime I (1213-1276); en el 1232 completa la conquista de las Baleares, garantía del comercio que permitirá la grandeza de Barcelona.

El hijo y sucesor de Fernando III de Castilla y de León, Alfonso X (1252-1284) –nieto, por su madre, de un emperador alemán y de una princesa bizantina, y por su mujer emparentado con la casa real húngara y los emperadores latinos de Constantinopla– vive con la ilusión de ser elegido y coronado Emperador, en momentos que el Imperio declina vertiginosamente, a la muerte de Federico II Hohenstaufen. La política imperial le hace descuidar su reino, dando alas a la díscola nobleza; los problemas internos del reino se ven agravados por una nueva invasión de moros del norte de África, los *benimerín*, y por las discordias a propósito de su sucesión, que degeneraron en abierta guerra civil. Con todo, la figura del Rey es rescatada por la historia y merecedora del apelativo de "el Sabio", gracias a las muchas e importantes obras que apoyó, dirigió y realizó en el campo de las ciencias, de las letras y de la jurisprudencia; enfrentado a estas múltiples y variadas tareas, la lengua castellana alcanzó su mayoría de edad. La Primera Crónica General, y las Partidas —expresión adelantada de la organización política y civil, a la vez que manifestación de los ideales de la época— bastan para fundamentar la fama del Rey Sabio. Las Partidas, máximo exponente del derecho común en Europa, son una verdadera suma jurídica; su vigencia en América hispana se prolongará hasta comienzos del siglo XX.

La pretensión de Alfonso X el Sabio a la corona imperial se ubica en el período llamado del Gran Interregno (1250-1273), que vio la cruenta extinción de la dinastía de los Hohenstaufen. En medio de la anarquía subsiguiente, ninguno de los pretendientes pudo imponerse, hasta la elección de un pequeño señor de Alsacia, Rodolfo de Habsburgo (1273-1291); éste consigue derrotar a Ottokar II de Bohemia –también pretendiente– con lo cual acaba con el reino checo, que incorpora a su patrimonio familiar, y que le permite fundar la grandeza de Austria para sus sucesores.

La prosperidad que vivió Francia durante el reinado de san Luis –que permitió una notable mejoría en las condiciones de vida de campesinos y burgueses– fue seguida de una crisis que coincide con el reinado de Felipe IV, el Hermoso (1285-1314). La crisis se anuncia en la desvalorización de las monedas de oro y plata, cuya acuñación desde tiempos de san Luis, se había convertido en una regalía del monarca. Esta desvalorización provocó la inflación de los precios y un estado de inquietud que se expresa en huelgas y revueltas populares. Como una manera de distraer la atención pública y, a la vez, de acrecentar el tesoro real, se inician persecuciones contra los judíos y los lombardos, nombre genérico con que se designaban a los comerciantes y banqueteros italianos establecidos en las principales ciudades de Francia. Igualmente, el Rey, aconsejado por su cuerpo de legistas, gravó el clero y a los bienes de la Iglesia en Francia con impuestos no autorizados por Roma; inició una campaña contra la Iglesia romana, prohibiendo que los diezmos saliesen de Francia, lo que le enfrentó en apasionada lucha con el papa Bonifacio VIII (1294-1303).

El papel jugado por los legistas, imbuidos del espíritu imperial romano, fue decisivo en el conflicto que se abría. Se establece como principio que *"lo que agrada al príncipe tiene fuerza de ley"*, con lo que se da un paso más en la formulación de un poder absoluto en lo temporal, poder que se define como estatal y laico. El Rey, para buscar el apoyo de la nación, convocó el 1303, los Estados Generales, formados por representantes de la nobleza, del clero y del estado llano, es decir, de la burguesía.

Bonifacio VIII lanzó la bula *"Unam sanctam"*, en la que afirmaba el dominio de la Santa Sede sobre todo el mundo, en concordancia con los principios formulados desde Gregorio VII en adelante, y que, con Inocencio III, parecían haber tenido realidad; pero ahora, las circunstancias habían cambiado, y los nuevos Estados soberanos no estaban dispuestas a aceptar el dominio de Roma. El conflicto entre Felipe y Bonifacio culminó en el atentado de Anagni, donde un emisario del Rey ultrajó en su persona al Papa, y lo hizo prisionero con el propósito de llevarlo a Francia y allí someterlo a juicio. Bonifacio VIII, liberado por los habitantes de Anagni, murió cinco semanas más tarde, dejando a la Santa Sede –en gran medida– a merced del Rey de Francia. De hecho, poco después, los cardenales eligieron un Papa francés, Clemente V, quien trasladará la sede pontificia a Avignon, en Francia, iniciando el llamado *cautiverio de Avignon*, que se prolongaría por setenta y tres años (1305-1378).

Todavía más odiosas y brutales son las medidas tomadas por Felipe el Hermoso contra los Templarios, depositarios del tesoro real en el Temple de París, acusados de herejes: convictos, mediante tortura, de los peores crímenes, fueron condenados a la hoguera; con ello, el Rey pudo apoderarse de los cuantiosos bienes en metálico y de las propiedades de la Orden, la que fue disuelta en 1312.

La grandeza del Papado medieval declinaba, en tanto que el Rey parecía alcanzar su plenitud y el prestigio de la nación francesa su máximo esplendor. Un escritor de la época sostiene que *"sería saludable para todo el mundo someterse a Francia, pues la nación francesa hace de su juicio racional mejor uso que toda otra nación"*.

Con todo, el intento de dominar al condado de Flandes, enriquecido con el comercio de paños, fracasó estrepitosamente; la caballería francesa fue derrotada en la batalla de las Espuelas de Oro (1302), así llamada por las muchas espuelas recogidas como trofeo por las tropas de las ciudades flamencas. Más penosa aún fue la sucesión de Felipe el Hermoso: tres hijos, uno en pos de otro, pasan por el trono sin brillo; y, lo que es peor para la dinastía y para el reino, sin herederos masculinos. La dinastía de los Capeto –reinante desde 987 y hasta entonces tan vigorosa– se extingue así en1328.

Mientras en la Europa cristiana se producían definiciones que ponían en juego a sus fuerzas históricas tradicionales, y que, a la vez, daban cabida a nuevas, un peligro mayor que los muchos ya superados en los siglos precedentes, se gestaba en las inmensidades de las estepas euroasiáticas. En los últimos años del siglo XII y primeros del XIII, en Mongolia, un jefe, temerario y esforzado, logró unificar a los nómades de las estepas, pueblo tras pueblo; su mismo nombre significaba *"poderoso jefe"*: Gengis Khan. Organizando a sus incontables guerreros en un poderoso ejército, en sucesivas campañas se hizo señor de inmensos territorios, desde la China del norte (en 1215 toma Pekín) a la Persia, fundando el mayor imperio conocido, el cual fue aun acrecentado por sus sucesores. Las conquistas mongolas acarreaban la destrucción de ciudades y el exterminio de poblaciones completas: la desolación, la pobreza y el retroceso cultural será el triste recuerdo que dejan los mongoles en su sorprendente expansión. El 1223 derrotaron a un ejército de los príncipes rusos en las costas del mar de Azov, y saquearon a comerciantes genoveses instalados en la Crimea. Pocos años después, el 1227, moría Gengis Khan en Mongolia, donde tenía su capital, Karakórum, gran campamento al que afluían los tesoros de los saqueos perpetrados en vastos territorios del antiguo mundo.

En los años siguientes, se reiniciaron las campañas; una de ellas se dirigió hacia Rusia, que vio caer una tras otra sus principales ciudades: Moscú y Kiev (1240); sólo Nóvgorod –defendida por sus pantanos– quedó a salvo. De Rusia avanzaron hacia Occidente, y, derrotando alemanes, polacos y húngaros, llegaron hasta las afueras de Viena. Así el Imperio mongol se extendía desde el Pacífico hasta el Asia Menor y el Danubio, y la Cristiandad otra vez se encontraba amenazada en sus mismos reales. Pero, al saber la muerte del Gran Khan (1242), nuevamente los nómades levantaron los campamentos para concentrarse en Mongolia y decidir la sucesión. Europa occidental pudo respirar tranquila, pero no Rusia, que quedó dependiente de uno de los kanatos sucesores, el de la Horda de Oro, instalado en las estepas del sur de Rusia. En tanto, el mundo musulmán había sido mucho más duramente afectado: Bagdad fue tomada el 1258, y el califa asesinado; a continuación, toda la Mesopotamia y la Siria cayeron en manos de los mongoles; estos territorios, junto con Persia, pasaron a formar otro kanato.

Con todo, sería el mundo chino el que más profundamente padeció la conquista mongola. Un nieto de Gengis Khan, Kubilai, reinició la conquista hacia Oriente, acabando la dinastía vernácula de los Sung, en China, el 1279; a partir de entonces, China pasaría a ser el centro del Imperio del Gran Khan Mongol, que también comprendía Corea y parte de Birmania y de Vietnam. Kubilai hizo de Pekín su capital y se convirtió en un verdadero Hijo del Cielo, y así un nieto de Gengis Khan llegó a ser un emperador acorde a la milenaria tradición china. En tiempo de los mongoles, pequeñas comunidades de cristianos adeptos a una de las herejías orientales (nestorianos), se mantenían en el Asia Central y, gracias a la tolerancia religiosa de los mongoles, llegaron a prosperar en China. Estas noticias –conocidas en Europa– alentaron la idea de la conversión del Gran Khan al cristianismo, para contar con su alianza frente a los musulmanes; el Papa y el Rey de Francia despacharon sucesivas embajadas a cargo de frailes franciscanos (1245-1247 y 1253-1255) que, recorriendo toda el Asia, alcanzaron la corte del Gran Khan. Gracias a los relatos de estos embajadores, Europa tuvo los primeros conocimientos directos del Extremo Oriente.

Estas informaciones fueron enriquecidas por los fascinantes relatos de los viajes que emprendieron los hermanos Polo, intrépidos comerciantes venecianos, quienes llegaron hasta Catay (China), tras los mercados de las especias (1260-1269 y 1271-1295); en el segundo viaje, participó el joven Marco, quien a su regreso escribirá un libro que pasó a ser uno de los más famosos en la Baja Edad Media, *"El Libro de las maravillas del mundo"*, cuya lectura –en pleno Renacimiento– animó a nuevos viajeros en la gran aventura de llegar al Oriente.

Imagen 25: Kublai Kan recibe a los hermanos Marco y Mateo Polo,
Libro de las maravillas, Biblioteca Nacional de Francia.

REFERENCIAS

Barraclough, G. *El Papado en la Edad Media*, EUG, Granada, 2012.

Flori, J. *Ricardo Corazón de León. El Rey Cruzado*, Edhasa, Barcelona, 2003.

Genicot, L. *Europa en el siglo XIII*, Labor, Barcelona, 1970.

Le Goff, J. *La Baja Edad Media*, Siglo XXI, Madrid, 1990.

Petit Dutaillis, Ch. *La monarquía feudal en Francia y en Inglaterra*, UTEHA, México DF, 1961.

Lección XXVI

El otoño de la Edad Media

Dante ha sido llamado el mayor poeta de la cristiandad. Nacido por el año 1265, en Florencia –ciudad a la que sirve y ama entrañablemente–, muere desterrado en Ravena en 1321. Su *Divina Comedia* tiene la armoniosa arquitectura de una catedral, en la cual cada piedra, como cada uno de los 14.333 versos, es necesaria, y contribuye a la magnificencia del conjunto. Eximio escritor en lengua latina, decidió, sin embargo, hacer su poema en italiano ("la vulgar elocuencia"), dando así categoría literaria espléndida a la lengua de los nuevos tiempos. La *Divina Comedia* es también una *"suma"*, porque encierra toda una concepción del mundo iluminada por las virtudes cristianas. El genio del Dante se explica por la Edad Media que vive en él; pero es a la vez *moderno* por la penetración psicológica de los muchos personajes que desfilan en su obra y por su aprecio de los valores de la Antigüedad clásica, de Roma y de su Imperio, al que evoca y ve como solución ideal para los males que agobian a su tiempo; así lo preconiza en su tratado latino *De Monarchia*, obra en cual afirma que el mundo necesita de un centro, y éste no puede ser sino Roma –Dios mismo lo quiso así– pero no la Roma de los Papas, sino la de los Césares.

Roma había sido abandonada por los Papas, quienes la consideraban insegura, y se instalaron en Avignon. Siete Papas franceses se sucedieron, a partir de Clemente V (1305-1314). Avignon, ciudad a orillas del Ródano, abierta por lo tanto a las influencias y presiones del reino de Francia, fue comprada y hermoseada por los Papas; allí se construyó un imponente palacio fortificado, una de las grandes obras de la arquitectura medieval.

De unos ciento treinta cardenales nombrados en este período, ciento diez fueron franceses y dominaron la Iglesia en beneficio de Francia y de sus personales intereses. La corte y la administración pontificias crecieron profusamente, exigiendo cada vez mayores recursos que había que obtener de toda la cristiandad, provocando así el malestar y la crítica de los fieles que fueron perdiendo paulatinamente el cariño y el respeto por el Papa. La crítica provenía especialmente de medios franciscanos: de los grupos de *"espirituales"* o *"fraticelli"*, que vivían la pobreza y que provocaban agitaciones sociales difícilmente controlables en las ciudades; condenados por el Papado, encontraron refugio en el Imperio, y así la oposición cobró rápidamente visos políticos.

En el 1338, los príncipes electores del Imperio, a saber, los arzobispos de Maguncia, de Tréveris y de Colonia, el conde del Palatinado, el duque de Sajonia, el marqués de Brandeburgo y el rey de Bohemia, declararon que la persona elegida por ellos no necesitaba ulterior confirmación; con esto, la participación hasta entonces decisiva del Papa en la confirmación imperial, desaparecía. La soberanía medieval del pontificado había llegado definitivamente a su fin; pero, también decreció el poder del Imperio, en beneficio del poder de los príncipes electores.

Disminuido en su prestigio en Europa, el Papado sigue empeñado en su tarea universal, y no cesó de alentar nuevas cruzadas –que no alcanzaron a realizarse– para rescatar los Santos Lugares, caídos de nuevo en manos del infiel; el Papado procura la unión con la Iglesia ortodoxa, y apoya las misiones en Extremo Oriente, en India y en China.

Ante los ruegos encendidos de la joven Catalina de Siena y del humanista Petrarca, para que el Papa retornase a Roma, se inclinó Urbano V (1362-1370); este Papa residió temporalmente en la Ciudad Eterna; su sucesor Gregorio XI (1370-1378), se trasladó también a Roma, donde murió, siendo sucedido por un italiano, Urbano VI (1378-1389). Poco después, los cardenales franceses declararon que la elección había sido forzada y nominaron a un nuevo Papa, al francés Clemente VII, quien regresó a Avignon. El *gran cisma de Occidente* había comenzado y se prolongaría por casi cuarenta años.

En tanto, la extinción de la línea directa de los Capetos en Francia –a la muerte de Carlos IV, tercer hijo del rey Felipe IV el Hermoso, en 1328– planteó un difícil caso de sucesión a la Corona; este dilema fue uno de los motivos que originó la *Guerra de los Cien años*, la más dura prueba que la historia haya presentado a Francia. La asamblea de barones sentó, entonces, el principio siguiente: en Francia, la corona sólo se transmite en línea masculina, y, en caso de ausencia de hijo o de hermano –y éste era el caso– pasa al pariente más próximo por línea masculina; aplicando este principio, se decidió a favor de Felipe de Valois, primo-hermano de los reyes difuntos. Esta medida excluía a Eduardo III, rey de Inglaterra –sobrino por su madre, de los reyes difuntos– cuyo acceso al trono habría permitido que un rey inglés lo fuera también de Francia.

Y como si esto fuera poco, irrumpe la peste (1348) –la terrible Peste Negra– que llegada de Oriente y asolando Occidente, acaba con familias completas y poblados enteros, y, ante la cual todo recurso parecía inútil.

Se dice que un tercio de la población de Europa pereció en los años que duró el cruel flagelo, que se renovaba cada cierto tiempo, viniendo a declinar recién a fines del siglo; pero otras mortandades aparecieron en el siglo siguiente, de manera que la imagen de la muerte pasó a ser una de las más habituales en la vida europea de estos siglos finales de la Edad Media: a la Peste, se suma el Hambre, que –por lo menos dos veces en el siglo XIV– hace estragos en la población, como consecuencia de malas cosechas o de su pérdida a causa de inclemencias del tiempo.

La Guerra, la Peste, el Hambre y la Muerte son la expresión real y cotidiana de los Cuatro Jinetes del Apocalipsis. Los tiempos no son buenos y cunde la desesperanza; la Muerte se enseñorea e impone su figura en las artes plásticas, tanto en las expresiones más refinadas como en las populares, y también en la literatura;

ejemplo magnífico son las coplas del poeta español Jorge Manrique (1440-1479).

La continuación de la guerra no favorece a Francia; el rey Juan II cae en manos de los ingleses y morirá prisionero en Londres, en el 1364; en tanto, su hijo, el delfín Carlos, deberá enfrentar sublevaciones en los campos y en las ciudades, las cuales, con notable habilidad, fue dominando. Más impresionantemente aún fue su tarea una vez hecho Rey: levantar a Francia de la humillación en que la tenía los ingleses; reorganizar la administración, recuperar las finanzas y crear un ejército, al que dio un excelente general, Bertrand Du Guesclin, *"el más grande militar de la Edad Media"*. Con estos medios emprendió la reconquista de sus territorios y al momento de su muerte, (1380), casi toda Francia estaba otra vez bajo el centro de los Valois. La historia ha llamado a este rey –que hizo de la *"mesura"* su máxima favorita y que gustaba de los bellos libros– Carlos V el Prudente. Bajo el reinado de su sucesor, Carlos VI, se desata una verdadera guerra civil, de la cual emerge la figura de Felipe el Atrevido, duque de Borgoña, tío del Rey.

Con Felipe el Atrevido se inicia la grandeza de la casa de Borgoña, cuyos duques aparecían más poderosos que el mismo rey de Francia y quienes mantuvieron una corte que competía en magnificencia con la real.

En Inglaterra, un rey con grandes condiciones políticas, Enrique V de Lancaster consigue la alianza con los borgoñones; con ellos concluye el tratado de Troyes (1420), en el que se proclama herederos del reino Francia a Enrique V y sus descendientes. Al joven Delfín, hijo del rey de francés Carlos VI, se le descalifica por bastardo.

Enrique V de Inglaterra y Carlos VI de Francia murieron en 1422, con apenas dos meses de diferencia, y se proclamó rey de Francia, en París, al infante de pocos meses, Enrique VI, y proclamado rey de Inglaterra.

En Bourges, en tanto, es proclamado rey de Francia el delfín Carlos: pero la duda paraliza las fuerzas, y Francia –presa de los ingleses– vive años de angustiosa incertidumbre.

Una duda aún más lacerante había desgarrado a toda una generación de cristianos en Europa, planteado un problema de obediencia a las conciencias; situación que se complicaba aún más por el juego de intereses de príncipes y de pueblos. A partir del 1378, hubo dos Papas: Clemente VII, con el apoyo francés, se enfrentó al recién consagrado Urbano VI. Tan incierta era la legitimidad de las elecciones, que ambos Papas contaron con el apoyo de personas que llegarían a ser santos de la Iglesia: santa Catalina de Siena apoyaba a Urbano VI, y san Vicente Ferrer a Clemente VII.

Comenzó entonces a tomar cuerpo el movimiento conciliar, que sostenía que el Concilio Ecuménico era la instancia suprema de la Iglesia, y que, en consecuencia, el mismo Pontífice le estaba supeditado. Esta tesis, defendida por la Universidad de París, fundamentó la convocación del Concilio de Pisa, donde se depuso a los dos Papas por entonces enfrentados (el veneciano Gregorio XII, sucesor de Urbano VI, y el aragonés Benedicto XIII, sucesor de Clemente VII) y se eligió a Alejandro V, pronto sucedido por Juan XXIII. Sin embargo, la confusión se agravó; ninguno quiso renunciar, y así, hubo tres Papas con tres "obediencias" en que se dividía toda Europa. En estas circunstancias tan penosas, el emperador Segismundo de Alemania consiguió que se convocase a un nuevo concilio ecuménico en la ciudad de Constanza.

El Concilio de Constanza (1414-1418) paradojalmente fue uno de los más brillantes de la historia de la Iglesia y una muestra de su poderosa unidad, a pesar de los años transcurridos en enfrentamientos y confusión. La nutrida concurrencia fue agrupada según "naciones" para las discusiones y votaciones: Italia, Francia, Alemania, Inglaterra y España; todos los presentes, eclesiásticos y seglares, tuvieron derecho a voto. Nuevamente se decretó la deposición de los Papas: Gregorio XII, el ya nonagenario sucesor de

Urbano VI, renunció voluntariamente; Juan XXIII fue depuesto y se retractó; pero Benedicto XIII, aunque depuesto por segunda vez, continuó impenitente hasta su muerte el 1423, refugiado con algunos pocos seguidores en el castillo de Peñíscola. El Gran Cisma fue resuelto con la elección, a raíz del Concilio, de un cardenal de la ilustre familia romana de los Colonna, Martin V (1417-1431), quien, al confirmar los decretos del Concilio, tuvo buen cuidado de excluir los que propiciaban la tesis conciliar. Martín V puede ser considerado como el último Papa medieval; después de él, el humanismo irrumpe en la misma corte pontificia.

En el Concilio de Constanza también se condenó al reformador checo Huss, profesor de la Universidad de Praga, quien continuaba las doctrinas del inglés Wyclif († 1384), profesor de teología en Oxford; Wyclif sostenía que la Iglesia no debía tener bienes, y que el Pontificado era innecesario; con la Biblia bastaba para conocer la religión, estando demás sacerdotes y sacramentos; llegó aun a sostener la doctrina de la predestinación. Si bien en Inglaterra la herejía no prendió, tuvo –en cambio– difusión extraordinaria en Bohemia, donde sirvió para identificar y alentar al nacionalismo checo. Los hussitas, después del ajustamiento de su jefe, se levantaron en armas e iniciaron sangrientas guerras de religión, en las que se mezclaban resentimientos políticos y sociales. Con estas doctrinas y movimientos, se insinúa lo que será –en el siglo siguiente– la Reforma protestante.

En tanto, la Guerra de los Cien Años continuaba. A las treguas y tratados, se sucedían las campañas y combates, en que se entremezclaban las penurias causadas por las fuerzas de ocupación inglesa con las infligidas por las luchas civiles; la consecuencia era una atroz miseria que, desde los campos, invadía las ciudades; y la inercia parecía dominar en toda Francia. La recuperación francesa se inició con Juana de Arco, quien despertó el patriotismo e inclinó a favor de la causa del Delfín el curso de los acontecimientos.

Juana nació alrededor del 1412, en Domrémy, Lorena, en

un medio campesino; no tuvo mayor educación, pero sí buena doctrina. A partir de los trece años comenzó a oír voces –las de san Miguel, de santa Catalina y de santa Margarita– que le indicaban lo que tenía que hacer; las "voces" le ordenan ir a levantar el sitio de Orléans y hacer que el Delfín sea coronado rey de Francia. Convence a Carlos VII de su misión, y el éxito comienza a acompañar al ejército francés, encabezado por la Doncella de Orleáns; los triunfos permitieron alcanzar Reims, lugar tradicional de la coronación, donde el Delfín fue ungido y coronado (1429), quedando reivindicada su legitimidad.

Al año siguiente, Juana es hecha prisionera por los borgoñones y comprada por los ingleses, quienes la sometieron a juicio; en el proceso tuvieron parte importante doctores de la Universidad de París, entonces en manos de los borgoñones y, por lo tanto, aliados de Inglaterra. El objetivo era condenar a Juana como hereje y hechicera; en Ruan, se le condenó a ser quemada viva el 30 de mayo de 1431, sin que Carlos VII intentara su rescate o su liberación. Pero los cálculos de los ingleses fracasaron, y la santidad de Juana fue sentida por el pueblo desde ese momento, y sirvió para animar la tarea de recuperación francesa.

Carlos VII negoció la paz con el duque de Borgoña, Felipe el Bueno, concediéndole feudos, pero sin obligarle a prestar homenaje; esto significó aceptar la creación de un estado borgoñón independiente. Carlos VII recuperó París en 1436; desde 1439, pudo disponer de impuestos permanentes –no sujetos a la aprobación de los Estados Generales– lo que le permitió reorganizar su ejército y dar un empuje definitivo a la Guerra, que se prolongó hasta 1453, en que la reconquista de Burdeos puso fin al dominio inglés en el continente, y a la Guerra de los Cien Años.

La Guerra de los Cien Años también repercutió en los reinos hispanos. En Castilla, los años que median entre la muerte del Rey Sabio (1284) y el reinado de Alfonso XI (1312-1350) –que llena la primera mitad del siglo XIV– son también de gran confusión, provocada por las minoridades de los monarcas; hubo largas regencias, entre las cuales destaca la reina María de Molina, abuela de Alfonso XI, quien enfrentó las ambiciones de los grandes del Reino, esto es infantes y parientes regios; esta inestabilidad prácticamente paraliza la tarea de la Reconquista, la que sólo se reanima en tiempos de Alfonso XI.

El espíritu de Cruzada parece revivir en la campaña que culmina con la victoria de las armas cristianas, en el Salado (1340), última gran batalla de la Reconquista. Alfonso XI es también capaz de subordinar a la alta nobleza, apoyándose en las Cortes –instituciones propias de la organización hispánica– que aprueban las leyes del Reino y los recursos que el Rey precisa.

Pero lo que parecen tiempos promisores, nuevamente se enturbian con conflictos dinásticos y guerras civiles, lo cual da oportunidad a la intervención de franceses e ingleses en la Península. De esta confusión, va surgiendo la figura de Enrique de Trastamara, hijo bastardo de Alfonso XI, quien llega a ser rey de Castilla; Enrique II (1369-1379) da origen a la nueva dinastía de los Trastamara. Un siglo después, dos de sus tataranietos, Fernando e Isabel, se casarían y harían posible la unidad definitiva de España.

El sucesor de Enrique II casó con la princesa heredera de Portugal, pero un fuerte movimiento anticastellano se organizó alrededor de un bastardo real, Juan, Gran Maestre de la Orden de Avis; tras un enfrentamiento decisivo (1385), Portugal se afirmó como nación independiente y se consolidó la nueva dinastía de los Avis.

Durante la mayor parte del siglo XV, la historia castellana parece agotarse en confrontaciones entre la monarquía y la turbulenta nobleza; el desorden es tremendo, y parece que el reino no podrá superar las crisis que se amontonan.

Con todo, en Castilla hay reservas humanas extraordinarias, y que –en comparación con los otros reinos de la Península, en franco retroceso demográfico– la preparan para un porvenir venturoso en caso de contar con un gobierno adecuado. Y ese gobierno se dio con la hija de Juan II de Castilla y de Isabel de Portugal la joven princesa Isabel, a quien la historia conoce como Isabel la Católica (1474-1504), por entonces ya casada con Fernando de Aragón (1469). De lo profundo de la crisis, surge el momento más grandioso de la historia de España: el reinado de los Reyes Católicos.

Imagen 25: Virgen de los Reyes Católicos, fines del siglo XV,
Museo del Prado, Madrid.

REFERENCIAS

Álvarez Palenzuela, V.Á., *El cisma de Occidente*, Rialp, Madrid, 1982.

García Fitz, F., *La Reconquista*, EUG, Granada, 2011.

Huizinga, J., *El Otoño de la Edad Media*, Alianza, Madrid, 1994.

Ladero Quesada, M., *La España de los Reyes Católicos*, Alianza, Madrid, 1999.

Le Goff, J., *Mercaderes y banqueros de la Edad Media*, Alianza, Madrid, 2014.

Lección XXVII

Los albores del Renacimiento

El mismo año terminaba la Guerra de los Cien Años, llegaba a su fin el Imperio bizantino, al caer Constantinopla en manos de los turcos (1453). Al desaparecer la sombra del Gran Imperio de Oriente –que penosamente había arrastrado sus últimas décadas– quedó el campo libre al nuevo gran coloso que se perfilaba en el Asia Menor y los Balcanes: el califato turco.

Una tribu de turcos, los *otomanos,* presionada por los mongoles, en los inicios del siglo XIV emigró hacia Occidente y conquistó su territorio en el Asia Menor, junto al mar de Mármara, aprovechando la debilidad de los principados sucesores de los selyuquíes. Su jefe Osmán, fundador de la dinastía, pronto organiza un Imperio que tiene a Bursa por capital; a mediados del siglo, ya han cruzado los Estrechos y ampliado sus conquistas hasta Serbia. El califa Murad I hace de Adrianópolis (Edirne) en los Balcanes, su nueva capital, engalanada –al igual que Bursa y otras ciudades conquistadas– con espléndidas mezquitas y magníficos palacios. El Imperio bizantino queda reducido a Constantinopla que, segura en sus murallas, resistirá todavía dos generaciones. A fines del siglo, los otomanos han acabado con Bulgaria y con Serbia –reinos constituidos en la época del Imperio latino de Constantinopla–, de donde obtendrán refuerzos para ampliar las conquistas en el Asia Menor.

Las campañas que los reyes cristianos organizan contra los turcos, culminan en estrepitosas derrotas para Occidente. Sólo a partir del 1402, se da un cierto alivio para la Europa oriental, como consecuencia de una aplastante derrota sufrida por el ejército turco, a manos del gran Tamerlán, jefe de un nuevo Imperio mongol.

Hungría era el antemural decisivo para frenar la expansión otomana en Europa, y contó para ello con el heroico y legendario general Juan Hunyadi, quien mantuvo a raya, y aun logró sonadas victorias sobre los ejércitos del Sultán; pero el año 1444, en la batalla de Varna, las aguerridas y numerosísimas tropas turcas entre las que destacan los jenízaros derrotan al ejército húngaro, cayendo el mismo joven rey Ladislao, que era también monarca de Polonia. Cuatro años después, en Kosovo, una nueva vitoria turca pareció acabar con la resistencia cristiana, pero Hunyadi supo restablecer las defensas. Hungría pasó a ser la efectiva garantía de la salvación de Occidente, después de la caída de Constantinopla, heroicamente defendida por su último emperador Constantino XI, frente al sultán Mohamed II, quien disponía de una poderosa artillería.

Desde entonces, Constantinopla pasará a ser conocida con el nombre turco de Estambul. A pesar de los encendidos ruegos del papa Nicolás V (1447-1455), ningún reino cristiano contribuyó a organizar una expedición para ir en rescate de Constantinopla; la época de las Cruzadas estaba definitivamente pasada, y los estados de Occidente –salvo los de la Península Ibérica– acariciaban otros proyectos en los que la fe ya no sería la motivación central. En 1456, el Sultán –con un ejército innumerable– puso sitio a Belgrado; pero, una vez más, Hunyadi consiguió, ante lo que ya era una derrota, una sorprendente victoria; victoria que, por más de medio siglo, mantendría a Europa a salvo del peligro turco.

La idea imperial bizantina iba a ser recibida como legado por el gran principado de Moscú, que venía emergiendo del largo dominio mongol como el estado más importante y prestigioso, por haber dirigido la lucha contra el invasor. Estas campañas contaban con todo el apoyo de la Iglesia rusa, y, desde comienzos del siglo XIV, el metropolitano –obispo con primacía sobre los demás– residió en Moscú. Con todo, el contacto con los mongoles propició la tendencia al despotismo como método de gobierno y a la esclavitud como sistema económico en el mundo ruso.

Iván III el Grande (1462-1505), casado con una sobrina del último emperador bizantino, se proclamó Zar, esto es, César; y Moscú pasó a ser la tercera Roma, embellecida por arquitectos italianos que trasformaron la vieja fortaleza del Kremlin, levantando allí iglesias y palacios. Iván logró esta grandeza gracias a que pudo liberar definitivamente a Rusia del dominio tártaro, y someter a otros príncipes y ciudades; de éstas, la más importante es la antigua ciudad-estado de Nóvgorod, que dominaba un inmenso territorio y el flujo comercial al Báltico, lo cual la ponía en contacto con los mercados de la Hansa. Iván creó así la unidad de Rusia, llamada a convertirse en un imperio centrado en Moscú, y que se constituyó en el campeón de la Iglesia ortodoxa en la Europa oriental y balcánica.

Las conquistas turcas obligaron a emigrar hacia Occidente a muchos sabios bizantinos, los cuales vinieron a engrosar así la corriente de *"orientales"* instalados, desde tiempos anteriores, especialmente en Italia. Justamente, los intentos que –a lo largo de la primera mitad del siglo XV– se hicieron para restablecer la unidad entre la Iglesia romana y la Iglesia de Oriente, y que culminaron con la proclamación de la unión en el Concilio de Ferrara-Florencia (1438-1439), propiciaron la venida a Italia de numerosos eruditos oriundos de los patriarcados y obispados orientales; algunos de ellos se quedaron en Occidente, sobre todo al ser rechazados en sus lugares de origen, acusados de propiciar una unión que –desde el primer momento– fue repudiada en Oriente; la odiosidad era tal, que en Bizancio se llegó a decir que era preferible estar bajo el turbante del Sultán que bajo la tiara del Papa.

Esta presencia de letrados y eruditos bizantinos en Occidente permite comprender mejor la renovación en los estudios clásicos que se da en el siglo XV, llamada *humanismo*, faceta principalísima del fenómeno cultural que es el Renacimiento. La acción de estos maestros bizantinos despierta el interés por la adquisición de manuscritos de autores griegos de la Antigüedad, copiados una y otra vez en el mundo bizantino; así se van formando los fondos de numerosas bibliotecas privadas en Occidente, donde los humanistas trabajarían las traducciones, comentarios y futuras ediciones de los autores clásicos.

Es en Florencia, en la corte de los Medici –verdaderos mecenas de las letras y de las artes– donde primero se nota este fervor humanista, ya en el siglo XIV; destacan Lorenzo Valla (1405-1457), fundador de la filología clásica y de la crítica histórica, y, sobre todo, Leon Battista Alberti (1404-1472), quien anticipa el genio universal de Leonardo da Vinci.

Pero no es sólo en Florencia donde se renuevan los estudios y se abre un horizonte más amplio a la preocupación del hombre, tal como maravillosamente lo plantea el joven filósofo, conde Giovanni Pico de la Mirandola (1463-1494), en su *Discurso sobre la Dignidad del Hombre*; también en Venecia, en Milán, en Nápoles y en Roma, prende el humanismo. En Roma –como en toda Italia– nunca se había olvidado enteramente el glorioso pasado de la época imperial romana; su recuerdo, reavivado por los estudios y por el descubrimiento de antiguas obras de arte –por entonces desenterradas– va a ser estímulo para el renacimiento de las letras y de las artes, que está a punto de manifestarse en todo su esplendor, sobrepasando cualquier intento anterior similar.

Los propios Papas, a partir de Eugenio IV (1431-1447), alientan esta renovación espiritual, la cual se espera deberá alcanzar también a la Iglesia, necesitada de una profunda reforma. Así, se echaron las bases de una alianza entre el Papado y el humanismo. Un verdadero optimismo y confianza en la posibilidad de recuperación de las virtudes originales de la Iglesia, de la vida pública y de la cultura, anima a personajes destacados de este siglo, y son compartidos por sectores cada vez más amplios de la sociedad.

Con el papa Nicolás V, la corte pontificia se transforma en un centro humanista, en el que el mismo Pontífice se preocupa de la recolección de los antiguos códices; a él se deben las bases de la Biblioteca Vaticana, ya que reunió más de cinco mil códices que puso a disposición de algunos de los más famosos humanistas del momento. Con el papa Pío II (1458-1464), quien se había destacado como diplomático y latinista en la corte del emperador Federico III, el humanismo llega al mismo pontificado. El mecenazgo de estos Papas permitió hermosear Roma con las obras de grandes artistas, entre ellos, Andrea del Castagno (†1457), Piero della Francesca (†1472) y Fra Angélico (†1455).

La expansión del humanismo por Europa va estar en correspondencia con la expansión de la imprenta que, a partir de mediados del siglo XV –desde Maguncia, donde trabaja su inventor, Juan Gutenberg– conquista Europa y desplaza totalmente al manuscrito; desde entonces, el acceso a la obra impresa se hace cada vez más fácil y, consecuentemente, mayor la influencia ejercida por el libro. El primer libro impreso por Gutenberg fue la Biblia (1453).

Al mismo tiempo que los humanistas proponían nuevos horizontes para la comprensión del hombre y de su acción, un nuevo horizonte geográfico se ofrecía a la Europa del siglo XV; se inicia esta expansión, gracias a las navegaciones de los portugueses por el Atlántico, iniciadas en tiempos del rey Juan I (1383-1433), fundador de la dinastía de Avis. Durante su reinado, Portugal –limitado en su expansión peninsular por Castilla, pero igualmente pujante después de generaciones en lucha contra los moros– se transforma de un pueblo de labriegos y pastores en uno de marinos y comerciantes, que harán del pequeño reino un inmenso y poderoso imperio colonial, aprovechando los años en que todavía el océano estará libre de competidores.

Especial impulso recibieron estas empresas marineras, gracias a la Escuela de Náutica que, en Sagres, fundó el príncipe don Enrique el Navegante, hijo de Juan I. En el 1434 se doblaba el cabo Bojador, en la costa de África; y, en el 1440, se llegaba al cabo Blanco, y pocos años después al cabo Verde. Se toma posesión de las islas Azores y de las Canarias –visitadas ya por los genoveses–

y, hacia 1460, se descubre el archipiélago de Cabo Verde. Todos estos descubrimientos fueron posible porque la navegación se ha hecho menos incierta, al disponerse de la brújula y de cartas marinas –los portulanos– levantadas por los mismos navegantes, en que se indican derroteros, distancias y alturas de los astros; también se contó con un tipo de barco nuevo y aventajado –llamado a tener gran porvenir– la carabela, velero caracterizado por tener castillo de popa y un ancho casco.

Un activo comercio surge –estimulado por la misma familia real– y los productos de África encuentran una nueva ruta para llegar a Europa. El papa Nicolás V alentó las exploraciones marítimas de los portugueses, cuyo sentido misional favoreció con privilegios emanados de su autoridad apostólica.

En los años siguientes, nuevas expediciones avanzan cada vez más al sur por la costa africana, y, junto a sus habitantes y productos, nuevas constelaciones celestes aparecen ante los ojos maravillados de los osados nautas. Por fin, una expedición –comandada por Bartolomé Díaz– pasa, en 1487, por el punto más austral del continente, el cabo de Buena Esperanza; quedaba así abierta la ruta marítima hacia el Extremo Oriente, contorneando el África.

En esta Europa que ya preludia los nuevos tiempos, en Francia, el rey Luis XI (1461–1483), representa, en su persona y en su política, la transición que la sociedad de su época está viviendo. Frente al rey Luis, cuya política tiende a la reunificación del territorio francés, se alza la poderosa casa de los duques de Borgoña, que ha creado –al este del dominio real– un estado populoso y próspero, en gran parte beneficiado con la crisis que la Guerra de los Cien Años ha significado para Francia. Con Felipe el Bueno, "el gran duque de Occidente" (1419–1467), Borgoña llega a su cenit; la corte es, sin duda, la más brillante de Europa, y el Duque es un gran mecenas de las artes y de las letras. En su tiempo, los Países Bajos incorporados a Borgoña, adquieren el perfil histórico con que serán conocidos hasta nuestros días. El hijo de Felipe el Bueno, Carlos el Temerario (1467–1477) –impulsivo y valiente– será el adversario de Luis XI, quien lo supera en su capacidad para manejar a la gente y su habilidad para las intrigas, lo que le valió el sobrenombre de "araña universal". Aislado de los ingleses, atacado por los suizos, el Duque es derrotado y muerto frente a Nancy (1477). Su hija, María de Borgoña, va a buscar respaldo en un inmediato matrimonio con el archiduque Maximiliano de Austria; pero parte de las posesiones ducales pasan al patrimonio de Francia, que avanza rápida y certeramente hacia su unidad y grandeza.

Un nieto de Maximiliano de Austria y María de Borgoña, y nieto a la vez de los Reyes Católicos, nacidos el 1500, será Carlos I, rey de España, y V, como emperador de Alemania, cuyas posesiones se extenderán por el Viejo y el Nuevo Mundo.

Las transformaciones que se estaban operando en el Occidente cristiano no alcanzaba aún a remecer los sólidos cimientos que la fe había puesto en los siglos anteriores; y, si bien a nivel intelectual y en los cenáculos humanistas llegan a plantearse dudas respecto a los principios que la fe enseñaba, éstas no afectan al pueblo, que, en general, sigue siendo profundamente piadoso.

A fines de la Edad Media –justamente– hay un fervor místico, que nace en Alemania, y del cual procede la obra de mayor importancia en su tiempo –y de gran repercusión en los siglos sucesivos– la *Imitación de Cristo*, de Tomás de Kempis (1380-1471). Los movimientos místicos crean el ambiente propicio para la eficaz obra de fogosos predicadores ambulantes que conmovían hasta las lágrimas a las multitudes llamándolas a penitencia; así, san Vicente Ferrer (†1412), que convertía aun a los que no entendían su idioma; san Bernardino de Siena (†1444), y su discípulo san Juan Capistrano, que fue el alma de la victoria contra los turcos en el sitio de Belgrado (1456). Propio de esta nueva actitud, es la Congregación de los Hermanos de la Vida Común, que cuenta entre sus discípulos a destacados sabios y humanistas, tales como el cardenal Nicolás de Cusa (1401-1464), filósofo, teólogo, matemático y astrónomo, profundamente convencido de la necesidad de una reforma en la Iglesia, la cual espera con optimismo; también lo serán, Erasmo (1466-1536) y Copérnico (1473-1543).

Toda esta renovación que se observa en Europa a lo largo del siglo XV, se debe también a una lenta, pero mantenida recuperación económica, que va manifestándose primero en unas regiones y después en otras. Las ciudades italianas –repúblicas o señoríos– son las que están en mejores condiciones, gracias al activo comercio en el Mediterráneo, para iniciar esta recuperación. El comercio se hace más racional, más seguro y emprendedor, al introducirse la contabilidad por partida doble, el seguro marítimo –que pone a cubierto frente a los desastres que puedan ocurrir– y la fundación de bancos, que movilizan capitales y permiten grandes negocios.

Los Médici en Florencia –justamente– amasaron su fortuna en estas operaciones, y, como ellos, muchas otras familias en Italia y otros países. Estas poderosas familia viven como los nobles, en magníficos palacios, rodeados de verdaderas cortes, oficiando como mecenas de sabios y artistas. Los retratos de muchos de ellos, pintados por los mejores artistas de la época –los mismos que pintaban a príncipes y cardenales– son un testimonio de este pujante sector de la sociedad, que está contribuyendo a su transformación, y de las fuertes personalidades que poseen. También la escultura, que cobra autonomía, nos ofrece verdaderas obras maestras en que el primado de la realidad muestra una cuidadosa observación y el bullir de nuevas tendencias: Claus Sluter (†1406), que trabajó para los duques de Borgoña, a quien se debe el maravilloso Pozo de Moisés, en Dijon; Brunelleschi (†1446), y Donatello (†1466), en Florencia, cada cual con múltiples obras maestras. La cúpula de la catedral de Florencia (1420-1436), que anuncia un nuevo estilo empapado de reminiscencias de la Antigüedad, es obra de Brunelleschi; y en la escultura ecuestre del *condotiero*, llamado el Gattamelata, realizada por Donatello en Padua hacia el año 1460, destaca el predominio del individuo en el arte.

Imagen 27: Felipe el Bueno, duque de Borgoña, acompañado de su corte recibe un libro de crónicas. Bruselas, Bibliothèque royale, ms. 9242 (1448).

Referencias

Baxandall, M. *Pintura y vida cotidiana en el Renacimiento: arte y experiencia en el Quattrocento*, Gustavo Gili, Barcelona, 1989.

Burke, P. *El Renacimiento Italiano*, Alianza, Madrid, 2015.

Burkhardt, J. *La Cultura del Renacimiento en Italia*, Akal, Madrid, 2004.

Herrin, J. *Bizancio: el imperio que hizo posible la Europa Moderna*, Debate, 2009.

Runciman, S. *La Caída de Constantinopla*, Espasa-Calpe, Madrid, 1973.

Imagen 28: El matrimonio Arnolfini, Jan van Eyck, 1434.
National Gallery, Londres.

Epílogo

Mil años habían transcurrido desde que Occidente vio desaparecer el régimen imperial romano (476), y vio el establecimiento de pueblos bárbaros en los territorios imperiales. Lentamente –y no sin dificultades– estos pueblos, junto con las anteriores capas de poblamiento, habían ido configurando las naciones de Europa, alrededor de la institución monárquica; estas monarquías tienen que enfrentar, en prolongada lucha, las fuerzas disolventes de la nobleza feudal hasta llegar a imponérseles. El Imperio permanece como una reminiscencia, una evocación, un fantasma, que a veces adquiere realidad y pretende recobrar sus antiguos laureles; pero, frente a las recuperaciones del Imperio medieval, las fuerzas que llevan a la formación de las naciones, son incontenibles; desde luego, una diversidad lingüística que tiende a concretarse, ganar su propio campo y expresarse literariamente; en efecto, la Edad Media verá surgir la mayor parte de las lenguas y literaturas de Europa, que ya dan cuenta de un espíritu nacional.

Duro, en general, había sido el milenio: guerras –casi permanentes– de defensa contra oleadas de invasores venidos de todos los puntos de la rosa de los vientos; contiendas internas entre los señores; campañas de expansión y de reconquista; en fin, todo ello había acostumbrado a los hombres a la guerra y hecho del guerrero un personaje el más representativo de la sociedad medieval, y del castillo, un símbolo de la dureza de los tiempos. Su peso sólo quedaba equilibrado por el hombre de Iglesia, que representaba el orden y la cultura internacional y, sobre todo, la encarnación de valores sobrenaturales, que hacían posible que la santidad se hiciese realidad a nivel personal. El crecimiento de Europa –en extensión y, sobre todo, en profundidad– se debe, en gran parte, a la acción de la Iglesia, y, de un modo particular, a los monjes. Gracias a esta fuerza espiritual, se crea una cultura cristiana potente y fecunda; catedrales y universidades son su expresión más cumplida. Arte y saber, iluminados por la fe, se elevan a alturas que constituyen metas para la Humanidad.

También este milenio vio el resurgimiento de antiguas ciudades y la aparición de muchas nuevas, hasta hacer del fenómeno urbano, con su espíritu propio, con sus fueros, con su pujanza mercantil, con su empeño por embellecer la ciudad, uno de los más característicos de la Edad Media; de una Edad Media que, durante sus generaciones iniciales, había sido fundamentalmente rural, y que, en gran medida, continuó siéndolo.

Europa ha llegado a ser una realidad histórica, templada frente a la adversidad; y, en el siglo XV, está preparada para nuevas empresas que se insinúan en su horizonte. Los descubrimientos geográficos que hacen del Atlántico el mar del futuro, y que transformarán la visión del mundo, también afectarán la visión que el hombre tenía de sí mismo; y esto no hizo sino acentuar las profundas transformaciones que el humanismo había iniciado. Un Nuevo Mundo y una nueva época en la Historia Universal están a punto de nacer.

Imagen 29: *Septiembre*. Ilustración de "Las muy ricas horas de Duque de Berry", siglo XV. Taller de los Hermanos Limbourg, c.1410, Museo Condé, Chantilly, Francia.

Héctor Herrera Cajas

Nació en Pelequén, el 13 de septiembre de 1930. Cursó sus estudios secundarios en el Instituto de los Hermanos Maristas en San Fernando, e ingresó en el año 1948 al Instituto Pedagógico de la Universidad de Chile en Santiago a estudiar Historia. Ahí fue discípulo de Fotios Malleros quien lo introdujo en los estudios bizantinos, y de Mario Góngora.

Fue contratado en 1954 por la Universidad Católica de Valparaíso como profesor para el Instituto de Historia que estaba en formación, institución en la cual ocupó varios cargos directivos y permaneció como profesor hasta su muerte. Tuvo a cargo los cursos de Teoría de la Historia, Historia Antigua e Historia Medieval. Fue profesor en distintas universidades nacionales y también en la Universidad de Cuyo, Argentina.

Se doctoró en la Universidad de Bordeaux, Francia. Su tesis titulada "Las relaciones internacionales del Imperio Bizantino durante la época de las grandes invasiones" fue publicada por la Universidad de Chile en 1972.

Fundó las Semanas de Estudios Romanos y creó el área de postgrado en el Instituto de Historia de la hoy Pontificia Universidad Católica de Valparaíso. En el año 1986 como rector en la Universidad Metropolitana de Ciencias de la Educación formó el Centro de Estudios Clásicos, hoy llamado Giuseppina Grammatico.

Desde el año 1989 integró la Academia Chilena de la Historia como miembro de número. En 1992 fue nombrado comendador de la Orden del Fénix, distinción honorífica de la República Helénica. Ese mismo año fue miembro fundador y presidente honorario de la Sociedad Chilena de Estudios Medievales.

Falleció sorpresivamente a los 67 años en Viña del Mar, dejando como su más preciado testamento una gran cantidad de discípulos de distintas generaciones, que lo recuerdan con aprecio, y que consideran un privilegio haber sido sus alumnos.